财经类专业规划教材
校企双元开发、教学做一体化、新型活页式教材

基础会计实训

叶叔昌 ◎ 主　编
丁双元　杨　毅　陈建国　汪安澜 ◎ 副主编
李　莲　陈　曦　宁进伟 ◎ 参　编

BASIC ACCOUNTING PRACTICAL TRAINING

上海财经大学出版社

图书在版编目(CIP)数据

基础会计实训/叶叔昌主编．—上海：上海财经大学出版社，2023.9
(知行·财经类专业规划教材)
ISBN 978-7-5642-4243-5/F·4243

Ⅰ.①基… Ⅱ.①叶… Ⅲ.①会计学-教材 Ⅳ.①F230

中国国家版本馆 CIP 数据核字(2023)第 169288 号

□ 责任编辑 徐 超
□ 联系信箱 1050102606@qq.com
□ 封面设计 贺加贝

基础会计实训

叶叔昌 主 编
丁双元 杨 毅 陈建国 汪安澜 副主编
李 莲 陈 曦 宁进伟 参 编

上海财经大学出版社出版发行
(上海市中山北一路 369 号 邮编 200083)
网 址：http://www.sufep.com
电子邮箱：webmaster@sufep.com
全国新华书店经销
上海颛辉印刷厂有限公司印刷装订
2023 年 9 月第 1 版 2023 年 9 月第 1 次印刷

787mm×1092mm 1/16 19.25 印张 445 千字
印数：0 001—3 000 定价：58.00 元

前　言

基础会计是会计学科的入门课程，也是会计类专业最重要的一门专业基础课程，旨在帮助学生明确会计工作内容，熟悉会计工作流程，掌握会计核算的基本原理和方法，训练会计基本操作技能。

要学好基础会计这门课程，必须进行完整而扎实的实训。基础会计实训的主要任务是让学生熟悉会计工作的基本内容和程序，运用会计的基本原理和方法，训练最基本的会计技能。会计工作以年度为大周期、月份为小周期进行循环，因此，基础会计实训应当选取一个会计年度，而不是一个月份，这样的实训才是完整的，能够反映出月份之间的衔接。每个月份有些经济业务有必要重复，这不仅是实际情况使然，还能让学生接触到账簿换页等细节问题，牢固掌握账务处理过程和方法，理解会计的基本原理。

本教材将学生的学习过程分为三个阶段：课堂教学、课后练习和专门实训，这三个阶段相互衔接，不可分割。本教材给出 1 月、2 月和 12 月（中间月份略去，可视为停业，12 月接 2 月）的会计工作内容，是一个会计年度的缩影。其中 1 月份的会计工作内容，主要供教师在课堂上向学生讲解并示范，1 月份重复的经济业务和 2 月份的会计工作内容供学生课后练习，12 月份的会计工作内容供学生专门实训。为方便教学和实训，本教材将 1、2 月份的经济业务或事项分类编排，而将 12 月份的经济业务或事项按时间顺序编排。

本教材以党和国家关于教材建设一系列指示和文件精神为指导，秉承现代职业教育理念，紧紧围绕前述基础会计课程的教学目标，组织实训教学内容。本教材选取典型企业和典型产品，真实展现了会计工作全过程。

本教材由校企双元开发，以学校资深教师为主体，企业深度参与。四川省欧菲艾蒂家具有限公司提供了公司管理制度和会计核算资料作参考素材，设计了产品生产流程，拟定了产品生产所需材料物资及其价格标准，并提出了一些有价值的建议，保证了教材资料逼真、合理。在此向四川省欧菲艾蒂家具有限公司表示深深谢意。

与其他同类教材相比，本教材具备以下特色：

(1)选取一个会计年度为核算周期，完整展现会计工作过程。本教材给出 1 月、2 月和 12 月的会计工作内容，包括了一个会计年度里会计工作的全部基本内容。

(2)选择典型企业，研究真实产品，设计逼真场景。本教材以一个小型企业为背景，选择学生熟悉的产品，对相关情况图文并茂进行介绍，让学生有身临其境的感觉，便于学生形象思维和探究，提高学生学习兴趣。

(3)内容连贯，过程完整，注重细节。本教材全部内容是一个有机整体，环环相扣，前后衔接，涉及会计工作过程中可能遇到的各种细节问题，让学生经历会计工作全过程，对学生今后从事会计工作有指导意义。

(4)与时俱进，更新教学内容。本教材不仅适应国家会计政策变化，而且紧跟企业会计工作发展，对相关内容进行即时更新，与企业保持同步。如企业现在很少使用现金和票据，本教材进行了相应处理。

(5)呈现形式灵活，教师可自行选择。本教材以纸质记账凭证、账簿和报表为主要呈现形式，同时以二维码的形式给出了电子记账凭证、账簿和报表，教师可自行选择呈现形式。

为了方便叙述和操作，本教材主要以“20×2 年”作为主要年份。“20×2 年”可以代指任何一个年份，“20×1 年”是其前一年，“20×3 年”是其后一年。

本教材由武汉船舶职业技术学院教师集体编写，叶叔昌任主编，丁双元、杨毅、陈建国和汪安澜任副主编，李莲、陈曦和宁进伟参加了编写。

限于编者的水平，本教材一定存在不少的错误和缺陷，恳请读者不吝赐教，意见和建议敬请发至 yshc2000@126.com 邮箱。

编　者

2023 年 6 月

目　录

第一部分　实训说明

一、实训目的与要求

（一）实训目的

基础会计实训是会计专业最重要的实训项目，它为会计其他专业实训奠定基础，是其他专业实训不能替代的，其目的是：

1. 熟悉会计工作流程。
2. 掌握会计核算方法。
3. 训练会计操作技能。
4. 增强会计理论理解。
5. 培养会计职业素养。

（二）实训要求

为达到实训目的，学生应当做到以下几点：

1. 充分认识本实训的重要意义，端正态度，认真对待。
2. 独立、按时完成各项实训任务。
3. 不漏掉任何一笔业务，不放过任何一个环节。
4. 力求规范、整洁。
5. 注重思考，理论联系实践，学以致用。
6. 保管好自己的各种资料，经常查看。

二、实训内容及安排建议

基础会计实训分为 8 个项目，每个项目由一系列任务组成，如表 1—1 所示。为使得各项任务有序进行，合理安排实训时间，请尽可能根据安排建议进行实训。

表 1—1　　实训项目及安排建议

序号	实训项目	主要任务	安排建议	备　注
1	设置账簿	设置总账	部分课堂完成，部分课后完成。	不设日记账，可留到出纳岗位实务课程中进行。
		设置三栏明细账		
		设置多栏明细账		
		设置数量金额明细账		
		设置增值税明细账	课堂完成。	
2	处理日常经济业务	处理 1 月份日常经济业务	部分课堂完成，部分课后完成。	根据业务需要补充部分原始凭证。
		处理 2 月份日常经济业务	课后完成。	
		处理 12 月份日常经济业务	实训时完成。	
3	登记明细账	1 月份记账凭证整理编号	课堂完成。	每月明细账登记分两阶段进行，即日常业务和期末业务。
		登记 1 月份明细账	部分课堂完成，部分课后完成。	
		2 月份记账凭证整理编号	实训时完成。	
		登记 2 月份明细账		
		12 月份记账凭证整理编号		
		登记 12 月份明细账		
4	处理期末业务事项	处理 1 月末业务事项	课堂上完成。	在日常业务记账凭证登账后进行。
		处理 2 月末业务事项	实训时完成。	
		处理 12 月末业务事项		
5	登记总账	编制 1 月份科目汇总表	课堂上完成。	
		登记 1 月份总账	部分课堂完成，部分课后完成。	
		编制 2 月份科目汇总表	实训时完成。	
		登记 2 月份总账		
		编制 12 月份科目汇总表		
		登记 12 月份总账		
6	结账对账	1 月份各账户结账	部分课堂完成，部分课后完成。	先预结账，再对账，发现错账，按规定方法更正，最后正式结账。
		1 月份对账	课堂上完成。	
		2 月份各账户结账	实训时完成。	
		2 月份对账		
		12 月份各账户结账		
		12 月份对账		
7	编制会计报表	编制 1 月份会计报表	课堂上完成。	
		编制 2 月份会计报表	实训时完成。	
		编制 12 月份会计报表		
8	整理资料	装订凭证	实训时完成。	
		补充账簿启用表		
		明细账账页编号		
		编制账簿目录		

三、实训用品及其选用建议

实训用品分为学生个人自备用品和公用物品。

（一）自备用品

学生个人自备用品按照表 1—2 准备（其中记账凭证和账簿可通过扫描表 1—2 下方的二维码，获取电子形式的记账凭证和账簿，这种情况下不需要其他用品。请根据实训指导教师要求选择纸质形式或电子形式的记账凭证和账簿）。

表 1—2　　学生个人自备用品

序号	用品名称	配置数量（每人）	选用建议
1	黑色水性笔	1 支	
2	红色水性笔	1 支	
3	记账凭证	3 本	用 6 行通用记账凭证
4	总分类账	1 本	用 16 行横式账簿
5	三栏明细分类账	1 本	用 16 行横式账簿
6	多栏明细分类账	1 本	用单向 13 栏账簿
7	数量金额明细分类账	1 本	用 16 行横式两用存货账簿
8	应交税金（增值税）明细账	5 张账页	
9	凭证封面	6 张	
10	铅笔	1 支	带橡皮
11	固体胶	1 支	中号
12	直尺	1 把	塑料制成
13	长尾夹	2 个	中号
14	裁纸刀	1 把	为了安全，可以不用

注：1. 如果使用电子形式的记账凭证和账簿，请扫描下面二维码，下载空白记账凭证和账簿。

2. 科目汇总表、资产负债表和利润表请扫描下面二维码进行下载。

记账凭证　总分类账　三栏明细账

多栏明细账　存货明细账　增值税明细账

科目汇总表　资产负债表　利润表

（二）公用物品

公用物品按照表1—3配置。如果使用电子形式的记账凭证，不需要公用物品。

表1—3　　公用物品配置表

序号	用品名称	配置数量	备　注
1	会计科目章	1盒/2人	非必需
2	通用科目章	1盒/3人	非必需
3	胶水	1瓶/10人	用于粘贴凭证封面
4	装订线	1袋	
5	装订机	1台/班	

四、其他说明

1. 不设置固定资产明细账。

2. 没有提及的经济业务事项予以忽略，涉及的税费按相关法规处理，未提及的税费不予考虑。

3. 有些表格涉及后续课程内容，在此直接给出编制好的表格，学生应当作自己编制的，需要在制表人处签字。

4. 原始凭证应当裁剪下来，作为记账凭证的附件。

5. 1月份和2月份记账凭证编号，首先按日期顺序，其次按业务顺序，最后按原始凭证排列顺序进行，12月份记账凭证编号按原始凭证排列顺序进行。

6. 每月根据前25号记账凭证编制一张科目汇总表，并将前25号记账凭证装订成本，根据25号之后的记账凭证编制另一张科目汇总表，并将25号之后的记账凭证装订成本。

7. 为方便检查和对照，请严格按照主教材《基础会计实务》及本教材相关说明进行操作。

第二部分　会计主体说明

一、企业介绍

(一)基本情况

武汉楚风家具有限公司(以下简称楚风公司)是一家生产型企业,成立于 20×0 年,位于武汉市楚风路 1 号,主要生产经营"楚风"牌桌子和椅子,20×2 年初注册资本 1 500 万元,职工 102 人。该公司董事长(法定代表人)是刘远行,总经理是张开新。该公司为增值税一般纳税人,纳税人识别号为 9142010038MA4U65D1,在中国工商银行楚风支行开设基本存款账户,账号为 62230286123618。

(二)部门设置

楚风公司目前设有行政办公室、生产技术部、财务部、供应部、销售部、制作车间、油漆车间和仓库。

(三)财务部人员分工

楚风公司财务部目前有 3 人,钱必清任财务部部长,李明任综合会计,王丽任出纳兼开票员。

二、产品与生产经营过程说明

(一)产品介绍

楚风公司现在生产的产品是桌子和椅子,桌子和椅子成组生产,每组桌椅由 1 张桌子和 4 把椅子组成,如图 2—1 所示。

图 2—1　楚风公司的产品

桌椅主要用原木制作，还用到钢条、螺钉、腻子、油漆，桌椅制作完成后用包装纸和包装绳进行包装。

（二）生产过程说明

楚风公司产品的生产先后在制作车间和油漆车间进行，生产过程可概括为图2—2。

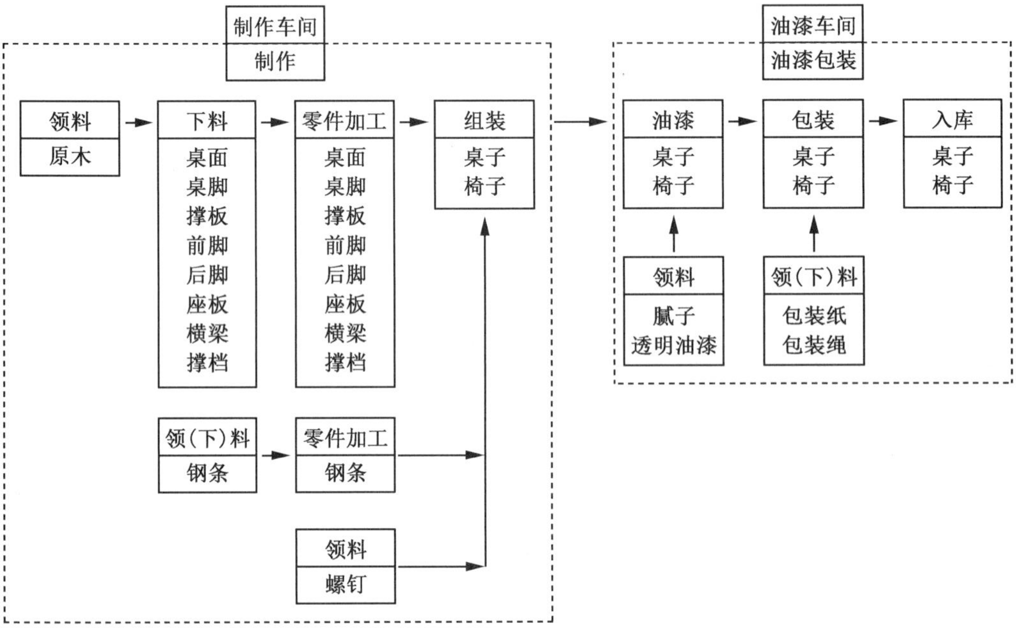

图2—2　楚风公司的产品生产流程

三、会计核算方法、财务管理制度及其他相关说明

（一）会计核算方法

楚风公司的会计核算方法主要有：

1. 执行财政部2006年颁布、2014年修订的《企业会计准则》。

2. 采用科目汇总表核算形式。

3. 原材料每次领用时按库存材料价格计算成本，库存商品在月末按平均单位成本计算发出成本。

4. 固定资产分类计提折旧。

（二）财务管理制度

楚风公司在财务管理方面有很多制度规定，以下几点值得注意。

1. 公司各项费用开支均由总经理审批，但总经理个人报销须由董事长审批。

2. 公司向外单位付款，应由相关当事人填写付款申请单，经审批后交财务部，由出纳据此办理银行结算手续或支付现金。取得发票后付款的，凭发票办理报销手续。

3. 报销程序为：当事人填写报销单据，部门负责人进行真实性、合理性审核，总经理批准，财务部进行合法性、正确性和完整性审核后办理报销手续。财务部根据费用申请单支出而收回的发票或收据，不再经总经理签字而直接入账。银行收取的费用和根据有关法规政策缴纳的税收、费用可直接入账。

4. 差旅费和其他由个人支付的费用由当事人先行垫支，然后据实报销。差旅费报销填写差旅费报销单，其他费用报销填写费用报销单。

5. 公司职工出差按自然天数每天给予 50 元的生活交通补贴，不另外报销公共汽车票、轮渡票、出租车票、地铁票和个人餐饮发票。

6. 材料入库单由采购员连同采购发票一起交财务部，领料单由仓库保管员适时交财务部，产品入库单和出库单由仓库保管员月末集中交财务部。

7. 公司在发放职工工资、股利时依法代扣代缴个人所得税和其他费用。

8. 单位价值 2 000 元以上的设施、用具列为固定资产，分类计提折旧，净残值率为 4%。房屋的折旧年限为 20 年，生产用设备的折旧年限为 10 年，工具、家具的折旧年限为 5 年，运输工具的折旧年限为 8 年，电子办公设备的折旧年限为 3 年。

9. 土地使用权摊销期限为 50 年，其他无形资产摊销期限为 10 年。

（三）其他相关说明

1. 取得注明旅客身份信息的铁路车票的，增值税按照下列公式计算进项税额：

$$铁路旅客运输进项税额=票面金额\div(1+9\%)\times9\%$$

2. 城市维护建设税、教育费附加和地方教育附加均以增值税应纳税额为计税（费）依据，其税（费）率分别为 7%、3%和 2%，计算公式为：

$$税(费)额=增值税应纳税额\times税(费)率$$

3. 企业所得税以应纳税所得额为计税依据，税率为 25%，有关计算公式为：

$$应纳税所得额=年度利润总额+调增金额-调减金额$$

$$应纳税额=应纳税所得额\times税率$$

4. 计算应纳税所得额时，有 3 个需要调整的项目：

（1）业务招待费。楚风公司当年业务招待费实际发生额的 40%在计算应纳税所得额时不得扣除，应相应调增年度利润总额。

（2）固定资产折旧。楚风公司有少数固定资产所用折旧方法与税法规定不同，少提折旧 3 550.30 元，应相应调减年度利润总额。

（3）以前年度亏损。主管税务机关认定的可在 20×2 年弥补的以前年度亏损为 338 077.57 元，应相应调减年度利润总额。

5. 职工福利费和职工教育经费按当月实际发生额进行分配，工会经费按当月应发工资总额的 2%计提，由公司缴纳的职工养老保险、医疗保险、失业保险、工伤保险、生育保险和住房公积金分别按当月应发工资总额的 20%、8%、2%、1%、0.8%和 10%计提。

6. 20×2 年不进行利润分配。

四、账户余额情况

(一)20×1 年末账户余额表

楚风公司 20×1 年末账户余额汇总在表 2—1 中。

表 2—1　　楚风公司 20×1 年末账户余额表

总分类账户	明细分类账户	借方余额(元)	贷方余额(元)
银行存款		2 756 379.49	
应收账款		791 000.00	
	汉阳家具商场	339 000.00	
	汉口家具商场	452 000.00	
预付账款		5 650.00	
	武汉茂源标准件公司	5 650.00	
原材料		95 500.00	
库存商品		651 000.00	
固定资产		7 444 800.00	
累计折旧			1 915 559.04
无形资产		6 000 000.00	
	土地使用权	6 000 000.00	
累计摊销			540 000.00
应付账款			63 506.00
	武汉佳禾木材公司		40 906.00
	武汉七彩油漆公司		22 600.00
预收账款			185 000.00
	武昌家具商场		185 000.00
应付职工薪酬			300 915.00
	职工工资		371 500.00
	工会经费		7 430.00
	职工养老保险	29 720.00	
	职工医疗保险	7 430.00	
	职工失业保险	3 715.00	
	职工住房公积金	37 150.00	

续表

总分类账户	明细分类账户	借方余额(元)	贷方余额(元)
应交税费			164 528.00
	应交增值税		146 900.00
	应交城市维护建设税		10 283.00
	应交教育费附加		4 407.00
	应交地方教育附加		2 938.00
实收资本			15 000 000.00
	刘远行		5 000 000.00
	张开新		4 000 000.00
	钱必清		3 000 000.00
	赵伟		2 000 000.00
	周祥		1 000 000.00
利润分配		425 178.55	
	未分配利润	425 178.55	
合　计		18 169 508.04	18 169 508.04

(二)原材料账户明细记录

楚风公司 20×1 年末原材料明细账户记录汇总在表 2—2 中。

表 2—2　　楚风公司 20×1 年末原材料明细账户记录汇总表

材料类别	材料名称	规格型号	计量单位	数　量	单价(元)	金额(元)
主要材料	原木	杉木	m^3	70	800.00	56 000.00
	钢条	2000×30×3	根	2 000	6.00	12 000.00
	腻子		桶(20L)	25	200.00	5 000.00
	油漆	透明	桶(20L)	25	400.00	10 000.00
辅助材料	螺钉	25	盒(100 颗)	500	10.00	5 000.00
包装材料	包装纸		卷(20m)	500	10.00	5 000.00
	包装绳		卷(50m)	500	5.00	2 500.00

(三)库存商品账户明细记录

楚风公司 20×1 年末库存商品明细账户记录内容见表 2—3。

表 2—3　　楚风公司 20×1 年末库存商品账户明细记录

商品名称	规格型号	计量单位	数　量	单价(元/组)	金额(元)
桌椅		组	1 200	542.50	651 000.00

(四)固定资产账户统计表

楚风公司 20×1 年末固定资产明细账户记录汇总在表 2—4 中。

表 2—4　　楚风公司 20×1 年末固定资产账户记录汇总表

使用部门	资产类别	总价(元)
行政管理	房屋建筑物	2 848 000.00
	机器设备	40 000.00
	运输工具	100 000.00
	工具家具	109 100.00
	电子设备	14 400.00
销售部	工具家具	9 700.00
	电子设备	3 600.00
制作车间	房屋建筑物	1 800 000.00
	机器设备	1 140 000.00
油漆车间	房屋建筑物	1 200 000.00
	机器设备	180 000.00
合　计		7 444 800.00

第三部分　凭证资料

这里给出楚风公司 20×2 年 1 月、2 月和 12 月的凭证资料，包括经济业务事项的原始凭证和日记账记录。1 月和 2 月的原始凭证按经济业务事项分类编排，12 月的原始凭证按取得日期编排。

原始凭证分级编号。第一级编号对应经济业务事项类别顺序，或对应凭证取得日期顺序，第二级编号表示同一类别或同一日期下经济业务事项顺序，第三级编号表示同一经济业务事项的凭证顺序，第四级编号表示同一凭证附件顺序。

一、20×2 年 1 月的凭证资料

（一）原始凭证

1. 购进材料业务的原始凭证

1-1-1：

4200014120　　**湖北增值税专用发票**　　№ 20135653

发 票 联

开票日期：20×2 年 01 月 04 日

购买方	名　　称：武汉楚风家具有限公司 纳税人识别号：9142010038MA4U65D1 地址、电话：武汉市楚风路 1 号 027-81886688 开户行及账号：工商银行武汉楚风支行 62230286123618	密码区	2>2+587*6731>4143++86/0*4-5 5-22/47-70<*86++94<33/36<-3 52-4-6+2-4>7+8<9+4*38>52+36 80/5*8+*-3-<32+->37/40+94>0

货物或应税劳务、服务名称	规格型号	单位	数量	单价	金额	税率	税额
螺钉	25	盒	500	10.00	5000.00	13%	650.00
合　计					5000.00		650.00
价税合计（大写）	⊗伍仟陆佰伍拾圆整				（小写）￥5650.00		

销售方	名　　称：武汉茂源标准件有限公司 纳税人识别号：914201021285645668 地址、电话：武汉市汉北路 10 号 027-82131211 开户行及账号：汉口银行武汉汉北支行 612185243702116	备注	

收款人：　　复核：　　开票人：王芳　　销售方：（章）

（印章：武汉茂源标准件有限公司 914201021285645668 发票专用章）

第三联 发票联 购买方记账凭证

1-1-2：

武汉楚风家具有限公司

材 料 入 库 单　　CLRK005001

20×2 年 1 月 4 日

材料来源：武汉茂源标准件有限公司

材料名称	规格型号	单位	交库数量	实收数量	备 注
螺钉	25	盒	500	500	

② 财务

交库人：周林　　　　收货人：张强

1-2-1：

4200014123　　**湖北增值税专用发票**　　№ 23550163

发　票　联

开票日期：20×2 年 01 月 08 日

购买方	名　　称：武汉楚风家具有限公司 纳税人识别号：9142010038MA4U65D1 地址、电话：武汉市楚风路 1 号 027-81886688 开户行及账号：工商银行武汉楚风支行 62230286123618	密码区	1>4143+50+92-4-+>4>0+86/0*4 2/47-70<*85-26<-36++94<33/3 7+82+3<9+4*3887*67*/32-4>56 80/52>2++*-3-<35*82+->37/42

货物或应税劳务、服务名称	规格型号	单位	数量	单价	金额	税率	税额
原木	杉木	m^3	46.44	800.00	37152.00	13%	4829.76
合　计					37152.00		4829.76
价税合计（大写）	⊗肆万壹仟玖佰捌拾壹圆柒角陆分				（小写）￥41981.76		

销售方	名　　称：武汉佳禾木材有限公司 纳税人识别号：914201048656456125 地址、电话：武汉市汉西路 1 号 027-83231256 开户行及账号：农业银行武汉汉西支行 17028524321168	备注	

收款人：　　复核：　　开票人：张燕　　销售方：（章）

第三联 发票联 购买方记账凭证

1-2-2：

武汉楚风家具有限公司

材 料 入 库 单　　CLRK005002

20×2 年 1 月 8 日

材料来源：武汉佳禾木材有限公司

材料名称	规格型号	单位	交库数量	实收数量	备 注
原木	杉木	m^3	46.44	46.44	

②财务

交库人：周林　　收货人：张强

1-3-1：

4200014123　　**湖北增值税专用发票**　　№ 23564501

发　票　联

开票日期：20×2 年 01 月 20 日

购买方	名　　称：武汉楚风家具有限公司 纳税人识别号：9142010038MA4U65D1 地址、电话：武汉市楚风路 1 号 027-81886688 开户行及账号：工商银行武汉楚风支行 62230286123618	密码区	3+21>4143+2-4-9+>4>0+86/0*48 3/32/47-70<*85-26<4<3-36+6+9 5*87+82+3<9+4*387*/32-4>56*6 80/52>2+7/4+50+9*-3-<32+->32

货物或应税劳务、服务名称	规格型号	单位	数量	单价	金额	税率	税额
原木	杉木	m^3	43.55	800.00	34840.00	13%	4529.20
合　计					34840.00		4529.20
价税合计（大写）	⊗叁万玖仟叁佰陆拾玖圆贰角				（小写）¥39369.20		

销售方	名　　称：武汉佳禾木材有限公司 纳税人识别号：914201048656456125 地址、电话：武汉市汉西路 1 号 027-83231256 开户行及账号：农业银行武汉汉西支行 17028524321168	备注	武汉佳禾木材有限公司 914201048656456125 发票专用章

收款人：　　复核：　　开票人：张燕　　销售方：（章）

第三联　发票联　购买方记账凭证

1-3-2：

武汉楚风家具有限公司

材料入库单　　CLRK005003

20×2 年 1 月 20 日

材料来源：武汉佳禾木材有限公司

材料名称	规格型号	单位	交库数量	实收数量	备注
原木	杉木	m^3	43.55	43.55	

②财务

交库人：周林　　收货人：张强

1-4-1：

4200014121　　**湖北增值税专用发票**　　№ 12352451

发　票　联

开票日期：20×2年01月22日

购买方	名　　称：武汉楚风家具有限公司 纳税人识别号：9142010038MA4U65D1 地址、电话：武汉市楚风路1号027-81886688 开户行及账号：工商银行武汉楚风支行62230286123618	密码区	2-4>53+21>4143+2-4-9+>4>0+88 3/32/47-70<*86<-36+6+94<35-2 2+3<9+6/0*45*87+84*38*67*/36 2+->380/52>2+7/4+50+9*-3-<32	

货物或应税劳务、服务名称	规格型号	单位	数量	单价	金额	税率	税额
腻子		桶	25	200.00	5000.00	13%	650.00
油漆	透明	桶	25	400.00	10000.00	13%	1300.00
合　计					15000.00		1950.00
价税合计（大写）	⊗壹万陆仟玖佰伍拾圆整				（小写）¥16950.00		

销售方	名　　称：武汉七彩油漆有限公司 纳税人识别号：914201035618656423 地址、电话：武汉市汉南路8号027-83122213 开户行及账号：中国银行武汉汉南支行62242102852018	备注	武汉七彩油漆有限公司 914201035618656423 发票专用章

收款人：　　复核：　　开票人：李婷　　销售方：（章）

第三联　发票联　购买方记账凭证

1-4-2：

武汉楚风家具有限公司

材料入库单　　CLRK005004

20×2 年 1 月 22 日

材料来源：武汉七彩油漆有限公司

材料名称	规格型号	单位	交库数量	实收数量	备注
腻子		桶	25	25	
油漆	透明	桶	25	25	

②财务

交库人：周林　　收货人：张强

1-5-1：

4200014121　　**湖北增值税专用发票**　　№ 01352645

发　票　联

开票日期：20×2 年 01 月 28 日

购买方	名　　称：武汉楚风家具有限公司 纳税人识别号：9142010038MA4U65D1 地址、电话：武汉市楚风路 1 号 027-81886688 开户行及账号：工商银行武汉楚风支行 62230286123618	密码区	87*6143+50+9>0+86/0*4+94<36 2/47-70<*85-22-4>46<-36+3/3 31>47+82+3<9+4*387*/32-4>56 80/5++2>2*-3-<35*82+->37/42

货物或应税劳务、服务名称	规格型号	单位	数量	单价	金额	税率	税额
包装纸		卷	500	10.00	5000.00	13%	650.00
包装绳		卷	500	5.00	2500.00	13%	325.00
合　计					7500.00		975.00
价税合计（大写）	⊗捌仟肆佰柒拾伍圆整				（小写）¥8475.00		

销售方	名　　称：武汉焕新包装材料有限公司 纳税人识别号：914201104561286567 地址、电话：武汉市楚风路 108 号 027-84256231 开户行及账号：湖北银行武汉楚风支行 62236180286123	备注	

收款人：　　复核：　　开票人：陈露　　销售方：（章）

第三联　发票联　购买方记账凭证

1-5-2：

武汉楚风家具有限公司

材 料 入 库 单　　CLRK005005

20×2 年 1 月 28 日

材料来源：武汉焕新包装材料有限公司

材料名称	规格型号	单位	交库数量	实收数量	备 注
包装绳		卷	500	500	
包装纸		卷	500	500	

②财务

交库人：周林　　收货人：张强

2. 支付货款业务的原始凭证

2-1-1：

武汉楚风家具有限公司

付款申请单

申请人	周林	所属部门	供应部	申请日期	20×2年1月8日
费用金额	¥40906.00	付款方式	□现金 □支票 ☑网银 □电汇 其他______		
事 由	材料款				
收款单位	武汉佳禾木材有限公司		地 址	武汉市汉西路1号	
开户银行	农业银行武汉汉西支行		账 号	17028524321168	
联系人		职 务		电 话	027-83231256
部门领导	郭尚明	公司领导	张千新	备 注	

2-1-2：

中国工商银行 网上银行电子回单

电子回单号码：000017227391

付款人	户 名	武汉楚风家具有限公司	收款人	户 名	武汉佳禾木材有限公司
	账 号	62230286123618		账 号	17028524321168
	开户银行	中国工商银行武汉楚风支行		开户银行	中国农业银行武汉汉西支行
金 额		¥40,906.00	金 额（大写）		肆万零玖佰零陆元整
交易流水号		00053624	交易时间		20×2年01月08日
中国工商银行 电子回单 专用章		备注：货款			
		记账网点 1260	记账柜员 12	记账日期	20×2年01月08日

重要提示：本回单不作为收款方发货依据，请勿重复记账。　　打印日期：20×2年01月08日

2-2-1：

武汉楚风家具有限公司

付款申请单

申请人	周林	所属部门	供应部	申请日期	20×2 年 1 月 20 日
费用金额	¥41981.76	付款方式	□现金　□支票　☑网银　□电汇　其他______		
事　由	材料款				
收款单位	武汉佳禾木材有限公司		地　址	武汉市汉西路 1 号	
开户银行	农业银行武汉汉西支行		账　号	17028524321168	
联系人		职　务		电　话	027-83231256
部门领导	郭尚明	公司领导	张齐新	备　注	

2-2-2：

中国工商银行　网上银行电子回单

电子回单号码：000017627793

付款人	户　名	武汉楚风家具有限公司	收款人	户　名	武汉佳禾木材有限公司
	账　号	62230286123618		账　号	17028524321168
	开户银行	中国工商银行武汉楚风支行		开户银行	中国农业银行武汉汉西支行
金　额		¥41,981.76	金　额（大写）		肆万壹仟玖佰捌拾壹元柒角陆分
交易流水号		00224595	交易时间		20×2年01月20日
中国工商银行 电子回单专用章		备注：货款			
		记账网点 1260	记账柜员 12	记账日期	20×2年01月20日

重要提示：本回单不作为收款方发货依据，请勿重复记账。　　打印日期：20×2年01月20日

2-3-1：

武汉楚风家具有限公司

付 款 申 请 单

申请人	周林	所属部门	供应部	申请日期	20×2 年 1 月 22 日
费用金额	¥22600.00	付款方式	☐现金　☐支票　☑网银　☐电汇　其他_______		
事　由	材料款				
收款单位	武汉七彩油漆有限公司		地　址	武汉市汉南路 8 号	
开户银行	中国银行武汉汉南支行		账　号	62242102852018	
联系人		职　务		电　话	027-83122213
部门领导	郭尚明	公司领导	张开新	备　注	

2-3-2：

中国工商银行　网上银行电子回单

电子回单号码：000027623296

付款人	户　名	武汉楚风家具有限公司	收款人	户　名	武汉七彩油漆有限公司
	账　号	62230286123618		账　号	62242102852018
	开户银行	中国工商银行武汉楚风支行		开户银行	中国银行武汉汉南支行
金　额		¥22,600.00	金　额（大写）		贰万贰仟陆佰元整
交易流水号		00254368	交易时间		20×2年01月22日
（印章：中国工商银行 电子回单 专用章）		备注：货款			
		记账网点　1260	记账柜员　12	记账日期	20×2年01月22日

重要提示：本回单不作为收款方发货依据，请勿重复记账。　　　打印日期：20×2年01月22日

2-4-1：

武汉楚风家具有限公司

付款申请单

申请人	周林	所属部门	供应部	申请日期	20×2 年 1 月 28 日
费用金额	¥8475.00	付款方式	☐现金 ☐支票 ☑网银 ☐电汇 其他______		
事 由	材料款				
收款单位	武汉焕新包装材料有限公司		地 址	武汉市楚风路 108 号	
开户银行	湖北银行武汉楚风支行		账 号	62236180286123	
联系人		职 务		电 话	027-84256231
部门领导	郭尚明	公司领导	张开新	备 注	

2-4-2：

中国工商银行 网上银行电子回单

电子回单号码：000032625248

付款人	户 名	武汉楚风家具有限公司	收款人	户 名	武汉焕新包装材料有限公司
	账 号	62230286123618		账 号	62236180286123
	开户银行	中国工商银行武汉楚风支行		开户银行	湖北银行武汉楚风支行
金 额		¥8,475.00	金 额（大写）		捌仟肆佰柒拾伍元整
交易流水号		00271235	交易时间		20×2年01月28日
中国工商银行 电子回单 专用章		备注：货款			
		记账网点 1260	记账柜员 12	记账日期	20×2年01月28日

重要提示：本回单不作为收款方发货依据，请勿重复记账。 打印日期：20×2年01月28日

2-5-1：

武汉楚风家具有限公司

付款申请单

申请人	周林	所属部门	供应部	申请日期	20×2年1月30日
费用金额	¥5650.00	付款方式	□现金　□支票　☑网银　□电汇　其他______		
事　由	材料款				
收款单位	武汉茂源标准件有限公司		地　址	武汉市汉北路10号	
开户银行	汉口银行武汉汉北支行		账　号	612185243702116	
联系人		职　务		电　话	027-82131211
部门领导	郭尚明	公司领导	张开新	备　注	

2-5-2：

中国工商银行　网上银行电子回单

电子回单号码：000052622256

付款人	户　名	武汉楚风家具有限公司	收款人	户　名	武汉茂源标准件有限公司
	账　号	62230286123618		账　号	612185243702116
	开户银行	中国工商银行武汉楚风支行		开户银行	汉口银行武汉汉北支行
金　额		¥5,650.00	金　额（大写）		伍仟陆佰伍拾元整
交易流水号		00280251	交易时间		20×2年01月30日
中国工商银行 电子回单 专用章		备注：货款			
		记账网点 1260	记账柜员 12	记账日期	20×2年01月30日

重要提示：本回单不作为收款方发货依据，请勿重复记账。　　　　打印日期：20×2年01月30日

3. 材料领用业务的原始凭证

3-1：

武汉楚风家具有限公司

领 料 单 LL005001

20×2 年 1 月 4 日

领料部门：制作车间 用途：生产桌椅

材料名称	规格型号	单位	请领数量	实发数量	备 注
原木	杉木	m^3	22	21.8	
钢条	2000×30×3	根	600	600	
螺钉	25	盒	200	200	

②财务

领料人：李斌 发货人：张强

3-2：

武汉楚风家具有限公司

领 料 单 LL005002

20×2 年 1 月 4 日

领料部门：油漆车间 用途：生产桌椅

材料名称	规格型号	单位	请领数量	实发数量	备 注
腻子		桶	7	7	
油漆	透明	桶	7	7	
包装绳		卷	300	300	
包装纸		卷	300	300	

②财务

领料人：刘阳 发货人：张强

3-3：

武汉楚风家具有限公司

领 料 单 LL005003

20×2 年 1 月 12 日

领料部门：制作车间 用途：生产桌椅

材料名称	规格型号	单位	请领数量	实发数量	备 注
原木	杉木	m^3	22	22.1	
螺钉	25	盒	150	150	

②财务

领料人：李斌 发货人：张强

3-4：

武汉楚风家具有限公司

领 料 单 LL005004

20×2 年 1 月 12 日

领料部门：油漆车间 用途：生产桌椅

材料名称	规格型号	单位	请领数量	实发数量	备 注
腻子		桶	7	7	
油漆	透明	桶	7	7	

②财务

领料人：刘阳 发货人：张强

3-5：

武汉楚风家具有限公司

领 料 单 LL005005

20×2 年 1 月 19 日

领料部门：制作车间 用途：生产桌椅

材料名称	规格型号	单位	请领数量	实发数量	备 注
原木	杉木	m^3	22	21.7	
钢条	2000×30×3	根	400	400	
螺钉	25	盒	150	150	

②财务

领料人：李斌 发货人：张强

3-6：

武汉楚风家具有限公司

领 料 单 LL005006

20×2 年 1 月 19 日

领料部门：油漆车间 用途：生产桌椅

材料名称	规格型号	单位	请领数量	实发数量	备 注
腻子		桶	7	7	
油漆	透明	桶	7	7	
包装绳		卷	250	250	
包装纸		卷	220	220	

②财务

领料人：刘阳 发货人：张强

3-7：

武汉楚风家具有限公司

领　料　单

LL005007

20×2 年 1 月 26 日

领料部门：制作车间　　　　　　用途：生产桌椅

材料名称	规格型号	单位	请领数量	实发数量	备 注
原木	杉木	m^3	20.5	20.4	
螺钉	25	盒	100	100	

②财务

领料人：李斌　　　　　　发货人：张强

3-8：

武汉楚风家具有限公司

领　料　单

LL005008

20×2 年 1 月 26 日

领料部门：油漆车间　　　　　　用途：生产桌椅

材料名称	规格型号	单位	请领数量	实发数量	备 注
腻子		桶	5	5	
油漆	透明	桶	5	5	

②财务

领料人：刘阳　　　　　　发货人：张强

4. 销售产品业务的原始凭证

4-1：

4200120142 **湖北增值税专用发票** № 23455601

此联不作报销、扣税凭证使用

开票日期：20×2 年 01 月 05 日

购买方	名　称：汉口家具商场有限公司 纳税人识别号：914201033253846581 地址、电话：武汉市长江路 15 号 027-85863566 开户行及账号：农业银行武汉汉兴支行 17535235621621		密码区	1>4143+50+92-4-+>4>0+86/0*4 2/47-70<*85-26<-36++94<33/3 7+82+3<9+4*3887*67*/32-4>56 80/52>2++*-3-<35*82+->37/42			
货物或应税劳务、服务名称	规格型号	单位	数量	单价	金额	税率	税额
桌椅		组	200	1000.00	200000.00	13%	26000.00
合　计					200000.00		26000.00
价税合计（大写）	⊗贰拾贰万陆仟圆整			（小写）￥226000.00			
销售方	名　称：武汉楚风家具有限公司 纳税人识别号：9142010038MA4U65D1 地址、电话：武汉市楚风路 1 号 027-81886688 开户行及账号：工商银行武汉楚风支行 62230286123618		备注				

收款人：　　复核：　　开票人：王丽　　销售方：（章）

第一联 记账联 销售方记账凭证

4-2：

4200120142 **湖北增值税专用发票** № 23455602

此联不作报销、扣税凭证使用

开票日期：20×2 年 01 月 06 日

购买方	名　称：汉阳家具商场有限公司 纳税人识别号：914201057483222503 地址、电话：武汉市知音路 18 号 027-84981234 开户行及账号：建设银行武汉知音支行 42859673215512		密码区	6/0*1>41+50+92-4-43+>4>0+84 5-22/47-70<*86<-36+3/3+94<3 2-47+82+3<9+4*38*67*87/3>56 7/480/5+2>2+*-3-<352+2*8->3			
货物或应税劳务、服务名称	规格型号	单位	数量	单价	金额	税率	税额
桌椅		组	150	1000.00	150000.00	13%	19500.00
合　计					150000.00		19500.00
价税合计（大写）	⊗壹拾陆万玖仟伍佰圆整			（小写）￥169500.00			
销售方	名　称：武汉楚风家具有限公司 纳税人识别号：9142010038MA4U65D1 地址、电话：武汉市楚风路 1 号 027-81886688 开户行及账号：工商银行武汉楚风支行 62230286123618		备注				

收款人：　　复核：　　开票人：王丽　　销售方：（章）

第一联 记账联 销售方记账凭证

4-3：

4200120142　　**湖北增值税专用发票**　　**№ 23455603**

此联不作报销、扣税凭证使用

开票日期：20×2年01月07日

购买方		密码区	
名　　称：	武昌家具商场有限公司		6/01>41-3+50+92-4-+>4>0+8*4
纳税人识别号：	914201067483271502		3/32-3/47-70<5-2*86<6+4<3+9
地址、电话：	武汉市望江路136号027-87654321		7+82+3<9+4*87*67*38/32-4>56
开户行及账号：	中国银行武汉望江支行62859666216216		80/5+2>2+7/4*-3-<32+5*8->32

货物或应税劳务、服务名称	规格型号	单位	数量	单价	金额	税率	税额
桌椅		组	200	1000.00	200000.00	13%	26000.00
合　计					200000.00		26000.00
价税合计（大写）	⊗贰拾贰万陆仟圆整				（小写）￥226000.00		

销售方		备注	
名　　称：	武汉楚风家具有限公司		
纳税人识别号：	9142010038MA4U65D1		
地址、电话：	武汉市楚风路1号027-81886688		
开户行及账号：	工商银行武汉楚风支行62230286123618		

收款人：　　复核：　　开票人：王丽　　销售方：（章）

第一联 记账联 销售方记账凭证

4-4：

4200120142　　**湖北增值税专用发票**　　**№ 23455604**

此联不作报销、扣税凭证使用

开票日期：20×2年01月20日

购买方		密码区	
名　　称：	汉口家具商场有限公司		431>41+52-4-0+9+>4>0+86/0*4
纳税人识别号：	914201033253846581		2/47-70<6*8<-36++94<33/35-2
地址、电话：	武汉市长江路15号027-85863566		87*62+3<9+4*387*7+8/32-4>56
开户行及账号：	农业银行武汉汉兴支行17535235621621		8+0/5+2>2*-3-<35*82+7/4->32

货物或应税劳务、服务名称	规格型号	单位	数量	单价	金额	税率	税额
桌椅		组	200	1000.00	200000.00	13%	26000.00
合　计					200000.00		26000.00
价税合计（大写）	⊗贰拾贰万陆仟圆整				（小写）￥226000.00		

销售方		备注	
名　　称：	武汉楚风家具有限公司		
纳税人识别号：	9142010038MA4U65D1		
地址、电话：	武汉市楚风路1号027-81886688		
开户行及账号：	工商银行武汉楚风支行62230286123618		

收款人：　　复核：　　开票人：王丽　　销售方：（章）

第一联 记账联 销售方记账凭证

4-5：

4200120142　　**湖北增值税专用发票**　　№ 23455605

此联不作报销、扣税凭证使用

开票日期：20×2 年 01 月 21 日

购买方	名　　称：汉阳家具商场有限公司 纳税人识别号：914201057483222503 地址、电话：武汉市知音路 18 号 027-84981234 开户行及账号：建设银行武汉知音支行 42859673215512			密码区	5-21>4143+50+92-4-9+>4>0+38 0*42/47-70<*86<36+6/+94<3/3 7+82+3<9+4*387*/32-4>5687*6 80/52>2+7/4+*-3-<32+->325*8		
货物或应税劳务、服务名称	规格型号	单位	数量	单价	金额	税率	税额
桌椅		组	150	1000.00	150000.00	13%	19500.00
合　计					150000.00		19500.00
价税合计（大写）	⊗壹拾陆万玖仟伍佰圆整				（小写）￥169500.00		
销售方	名　　称：武汉楚风家具有限公司 纳税人识别号：9142010038MA4U65D1 地址、电话：武汉市楚风路 1 号 027-81886688 开户行及账号：工商银行武汉楚风支行 62230286123618			备注			

收款人：　　复核：　　开票人：王丽　　销售方：（章）

第一联 记账联 销售方记账凭证

4-6：

4200120142　　**湖北增值税专用发票**　　№ 23455606

此联不作报销、扣税凭证使用

开票日期：20×2 年 01 月 23 日

购买方	名　　称：武昌家具商场有限公司 纳税人识别号：914201067483271502 地址、电话：武汉市望江路 136 号 027-87654321 开户行及账号：中国银行武汉望江支行 62859666216216			密码区	7/46/01>41-3+52-4-+>4>0+8*4 2-3/47-70<5-2*86<6+4<3+93/3 70+9+82+3<9+4*87*67*32-4>56 8/380/5+2>2+*-3-<32+5*8->32		
货物或应税劳务、服务名称	规格型号	单位	数量	单价	金额	税率	税额
桌椅		组	200	1000.00	200000.00	13%	26000.00
合　计					200000.00		26000.00
价税合计（大写）	⊗贰拾贰万陆仟圆整				（小写）￥226000.00		
销售方	名　　称：武汉楚风家具有限公司 纳税人识别号：9142010038MA4U65D1 地址、电话：武汉市楚风路 1 号 027-81886688 开户行及账号：工商银行武汉楚风支行 62230286123618			备注			

收款人：　　复核：　　开票人：王丽　　销售方：（章）

第一联 记账联 销售方记账凭证

5．收取货款业务的原始凭证

5-1（20×2 年 1 月 4 日取得）：

中国工商银行　网上银行电子回单

电子回单号码：000000001722

付款人	户　名	汉阳家具商场有限公司	收款人	户　名	武汉楚风家具有限公司	
	账　号	42859673215512		账　号	62230286123618	
	开户银行	中国建设银行武汉知音支行		开户银行	中国工商银行武汉楚风支行	
金　额		¥339,000.00	金　额（大写）		叁拾叁万玖仟元整	
交易流水号		07252563	交易时间		20×1年12月31日	
中国工商银行 电子回单专用章	备注：货款					
	记账网点	1260	记账柜员	12	记账日期	20×1年12月31日

重要提示：本回单不作为收款方发货依据，请勿重复记账。　　　　打印日期：20×2年01月04日

5-2（20×2 年 1 月 16 日取得）：

中国工商银行　网上银行电子回单

电子回单号码：000023236395

付款人	户　名	汉口家具商场有限公司	收款人	户　名	武汉楚风家具有限公司	
	账　号	17535235621621		账　号	62230286123618	
	开户银行	中国农业银行武汉汉兴支行		开户银行	中国工商银行武汉楚风支行	
金　额		¥1,000,000.00	金　额（大写）		壹佰万元整	
交易流水号		00182134	交易时间		20×2年01月15日	
中国工商银行 电子回单专用章	备注：货款					
	记账网点	1260	记账柜员	12	记账日期	20×2年01月15日

重要提示：本回单不作为收款方发货依据，请勿重复记账。　　　　打印日期：20×2年01月16日

5-3（20×2 年 1 月 21 日取得）：

中国工商银行 网上银行电子回单

电子回单号码：000028536564

付款人	户 名	武昌家具商场有限公司	收款人	户 名	武汉楚风家具有限公司
	账 号	62859666216216		账 号	62230286123618
	开户银行	中国银行武汉望江支行		开户银行	中国工商银行武汉楚风支行
金 额		¥200,000.00	金 额（大写）		贰拾万元整
交易流水号		00224357	交易时间		20×2年01月20日
中国工商银行 电子回单 专用章		备注：货款			
		记账网点 1260	记账柜员 12	记账日期	20×2年01月20日

重要提示：本回单不作为收款方发货依据，请勿重复记账。　　打印日期：20×2年01月21日

6．一般费用报销业务的原始凭证

6-1-1：

武汉楚风家具有限公司

费 用 报 销 单

20×2 年 1 月 14 日　　附单据 1 张

部 门	事 由	十	万	千	百	十	元	角	分	备 注
行政办公室	购办公用品				3	6	0	0	0	
合计金额（大写）叁佰陆拾元整				¥	3	6	0	0	0	

公司领导：张丹新　　部门领导：何久　　报销人：吴汉华

6-1-1-1：

湖北省税务局通用手工发票

发票联

发票代码042011223501

发票号码04362853

付款单位：武汉楚风家具有限公司　　20×2 年 1 月 13 日

项目内容	金额 百	十	元	角	分	备注
打印纸		6	0	0	0	
墨盒	3	0	0	0	0	
合计人民币（大写） 叁佰陆拾零元零角零分	3	6	0	0	0	

第二联 发票联

收款单位名称：　　开票人：李萍

收款单位税号：

6-1-2：

武汉楚风家具有限公司

办公用品领用登记表

部门	打印纸（包）	墨盒(个)	金额（元）	领取人签名
行政办公室	1	1	120.00	吴汉华
财务部		1	100.00	王丽
销售部		1	100.00	王拓
制作车间	1		20.00	李斌
油漆车间	1		20.00	刘阳
合计	3	3	360.00	

制表：吴汉华　　20×2 年 1 月 13 日

6-1-3：

中国工商银行 网上银行电子回单

电子回单号码：000020536475

付款人	户 名	武汉楚风家具有限公司	收款人	户 名	吴汉华
	账 号	62230286123618		账 号	62236385240376
	开户银行	中国工商银行武汉楚风支行		开户银行	中国工商银行武汉楚风支行
金 额		¥360.00	金 额（大写）		叁佰陆拾元整
交易流水号		00122531	交易时间		20×2年01月14日
中国工商银行 电子回单 专用章		备注：报销			

记账网点	1260	记账柜员	12	记账日期	20×2年01月14日

重要提示：本回单不作为收款方发货依据，请勿重复记账。 打印日期：20×2年01月14日

6-2-1：

武汉楚风家具有限公司

费 用 报 销 单

20×2 年 1 月 16 日 附单据 1 张

部 门	事 由	十	万	千	百	十	元	角	分	备 注
行政办公室	业务招待费				3	8	0	0	0	
合计金额（大写）叁佰捌拾元整				¥	3	8	0	0	0	

（金额栏：十 万 千 百 十 元 角 分）

公司领导：张开新 部门领导： 报销人：何久

6-2-1-1：

4200154130　　湖北增值税普通发票　　№ 00085292　4200154130　00085292

开票日期：20×2 年 01 月 16 日

购买方	名　　称：武汉楚风家具有限公司 纳税人识别号：9142010038MA4U65D1 地址、电话：武汉市楚风路 1 号 027-81886688 开户行及账号：工商银行武汉楚风支行 62230286123618	密码区	3+2+3<9+2+16+8/302-4>57-743 1>4*8<7*8-4>0+865-5+>6/06-4 2+53-24<3970<4*9*4/48*6+7/3 4+32>5/5+7*5*8-3-7/+2->3<32

货物或应税劳务、服务名称	规格型号	单位	数量	单价	金额	税率	税额
餐饮					358.49	6%	21.51
合　计					358.49		21.51
价税合计（大写）	⊗叁佰捌拾圆整				（小写）¥380.00		

销售方	名　　称：武汉蓝天酒店管理有限公司 纳税人识别号：914201061825170637 地址、电话：武汉市清明路 112 号 027—84680215 开户行及账号：建设银行武汉清明支行 018732681564269	备注	（武汉蓝天酒店管理有限公司 914201061825170637 发票专用章）

收款人：廖然　　复核：　　开票人：易木　　销售方：（章）

第二联　发票联　购买方记账凭证

6-2-2：

中国工商银行　网上银行电子回单

电子回单号码：000020562486

付款人	户　名	武汉楚风家具有限公司	收款人	户　名	何 久
	账　号	62230286123618		账　号	62236385240358
	开户银行	中国工商银行武汉楚风支行		开户银行	中国工商银行武汉楚风支行
金　额		¥380.00	金　额（大写）		叁佰捌拾元整
交易流水号		00182341	交易时间		20×2年01月16日
（中国工商银行 电子回单专用章）		备注：报销			
	记账网点	1260	记账柜员 12	记账日期	20×2年01月16日

重要提示：本回单不作为收款方发货依据，请勿重复记账。　　打印日期：20×2年01月16日

6-3-1：

武汉楚风家具有限公司

费 用 报 销 单

20×2 年 1 月 29 日　　附单据 2 张

部门	事由	十	万	千	百	十	元	角	分	备注
行政办公室	加油费			1	3	0	9	0	0	
合计金额（大写）壹仟叁佰零玖元整			¥	1	3	0	9	0	0	

公司领导：张丹新　　部门领导：何久　　报销人：安泰

6-3-1-1：

中国石化销售有限公司湖北石油分公司发票

发 票 联

发票代码 142011261038

发票号码 01914873

客户名称：武汉楚风家具有限公司

开票日期：20×2/01/08　　收银员：03

品名	单价	数量	金额
92#乙醇汽油	5.95	120.00	714.00

金额合计：¥714.00

人民币大写：柒佰壹拾肆元整

收款单位：中石化湖北武汉石油分公司汉阳加油站

加油站编号：33152905

发票号码：01914873

收款机号：999100040077

防伪码：999100040077-01914873

6-3-1-2：

中国石化销售有限公司湖北石油分公司发票

发　票　联

发票代码 142011261038

发票号码 01921339

客户名称：武汉楚风家具有限公司

开票日期：20×2/01/23　　收银员：03

品名	单价	数量	金额
92#乙醇汽油	5.95	100.00	595.00

金额合计：¥595.00

人民币大写：伍佰玖拾伍元整

收款单位：中石化湖北武汉石油分公司汉阳加油站

加油站编号：33152905

发票号码：01921339

收款机号：999100040077

防伪码：999100040077-01921339

6-3-2：

中国工商银行　网上银行电子回单

电子回单号码：000052215250

付款人	户　名	武汉楚风家具有限公司	收款人	户　名	安 泰
	账　号	62230286123618		账　号	62236385240385
	开户银行	中国工商银行武汉楚风支行		开户银行	中国工商银行武汉楚风支行
金　额		¥1,309.00	金　额（大写）		壹仟叁佰零玖元整
交易流水号		00275249	交易时间		20×2年01月29日
中国工商银行 电子回单专用章		备注：报销			
		记账网点 1260	记账柜员 12	记账日期	20×2年01月29日

重要提示：本回单不作为收款方发货依据，请勿重复记账。　　打印日期：20×2年01月29日

7. 差旅费报销业务的原始凭证

7-1-1：

武汉楚风家具有限公司

差旅费报销单

20×2 年 1 月 20 日　　附单据 4 张

出差人	张开新	出差地	北京		出差事由	家具行业协会年会				同行人员	无
行程						交通费		出差补助				其他费用	
月	日	起点	月	日	终点	交通工具	金额	人数	天数	标准	金额	项目	金额
1	11	武汉	1	11	北京	高铁	520.50	1	1	50.00	50.00	会费	2000.00
1	12	北京	1	16	北京			1	5	50.00	250.00	住宿	2700.00
1	17	北京	1	17	武汉	高铁	520.50	1	1	50.00	50.00		
报销金额（大写）		陆仟零玖拾壹元整							其中增值税			238.79	

公司领导：刘逸行　　部门领导：　　报销人：张开新

7-1-1-1：

1000156141　　北京增值税专用发票　　№ 00511501

发票联

开票日期：20×2 年 01 月 17 日

购买方	名称：武汉楚风家具有限公司 纳税人识别号：9142010038MA4U65D1 地址、电话：武汉市楚风路 1 号 027-81886688 开户行及账号：工商银行武汉楚风支行 62230286123618	密码区	6/0*487*43+50+-4-+>4>0+81-2 4->37-70<*856<-67+92/+96<33 8*/3373<9+02+304*/42-4>5+86 80/57/2>2+1>4+5*8*-3-<32+42

货物或应税劳务、服务名称	规格型号	单位	数量	单价	金额	税率	税额
住宿费		天	6	428.571	2547.17	6%	152.83
合计					2547.17		152.83
价税合计（大写）	⊗贰仟柒佰圆整				（小写）¥2700.00		

销售方	名称：北京太和酒店管理有限公司 纳税人识别号：911001061825170631 地址、电话：北京市朝阳路 152 号 010—81537884 开户行及账号：工行北京朝阳支行 668928932254015	备注	北京太和酒店管理有限公司 911001061825170631 发票专用章

收款人：林俐　　复核：　　开票人：徐枫　　销售方：（章）

第三联 发票联 购买方记账凭证

7-1-1-2：

015S043120　　检票口 A09

武　汉站　　G586　　北京西站

Wuhan　　→　　Beijingxi

20×2年01月11日09:17开　　04车10B号

¥520.5元　　网折　　二等座

限乘当日当次车

4201021975****1777 张开新

买票请到 12306 发货请到 95306

中国铁路祝您旅途愉快

21050310151017S043120　武C售

7-1-1-3：

015S0430121　　检票口 A08

北京西站　　G511　　武　汉站

Beijingxi　　→　　Wuhan

20×2年01月17日09:27开　　08车05A号

¥520.5元　　网折　　二等座

限乘当日当次车

4201021975****1777 张开新

买票请到 12306 发货请到 95306

中国铁路祝您旅途愉快

21050310151017S043121　武C售

7-1-1-4：

北京市非税收入专用收据

№00225875

付款人：　武汉楚风家具有限公司　　　　20×2 年 1 月 11 日

收入项目	项目编号	标准	金额							
			十	万	千	百	十	元	角	分
会费	001				2	0	0	0	0	0
金额合计（大写）	贰仟元整			¥	2	0	0	0	0	0

第二联　收据

中华家具行业协会财务专用章

收款单位（章）：　　　　收款人：　刘玉

7-1-2：

中国工商银行 网上银行电子回单

电子回单号码：000017627685

付款人	户 名	武汉楚风家具有限公司	收款人	户 名	张开新
	账 号	6223028612 3618		账 号	62236385240352
	开户银行	中国工商银行武汉楚风支行		开户银行	中国工商银行武汉楚风支行
金 额		¥6,091.00	金 额（大写）		陆仟零玖拾壹元整
交易流水号		00224573	交易时间		20×2年01月20日
中国工商银行 电子回单 专用章		备注：差旅费			
		记账网点 1260	记账柜员 12	记账日期	20×2年01月20日

重要提示：本回单不作为收款方发货依据，请勿重复记账。　　打印日期：20×2年01月20日

7-2-1：

武汉楚风家具有限公司

差旅费报销单

20×2 年 1 月 26 日　　附单据 3 张

出差人	赵伟		出差地		上海	出差事由		市场调研			同行人员	无	
行程						交通费		出差补助				其他费用	
月	日	起点	月	日	终点	交通工具	金额	人数	天数	标准	金额	项目	金额
1	20	武汉	1	20	上海	高铁	301.00	1	1	50.00	50.00	住宿	1944.00
1	21	上海	1	23	上海			1	3	50.00	150.00		
1	24	上海	1	24	武汉	高铁	301.00	1	1	50.00	50.00		
报销金额（大写）		贰仟柒佰玖拾陆元整							其中增值税			159.74	

公司领导：张开新　　部门领导：　　报销人：赵伟

7-2-1-1：

3100156141 上海增值税专用发票 № 00089252

发票联

开票日期：20×2年01月24日

购买方		密码区	
名称：	武汉楚风家具有限公司		2-4>57-743+2+3<9+216+8/30+3
纳税人识别号：	9142010038MA4U65D1		656-4-5+>6/01>4*8<7*8-4>0+8
地址、电话：	武汉市楚风路1号 027-81886688		92+54<33-270<4*/48*/36+9*47
开户行及账号：	工商银行武汉楚风支行 62230286123618		4+35*8+7*-3-<37/+2->32>25/5

货物或应税劳务、服务名称	规格型号	单位	数量	单价	金额	税率	税额
住宿费		天	4	462.857	1833.96	6%	110.04
合计					1833.96		110.04
价税合计（大写）	ⓧ壹仟玖佰肆拾肆圆整				（小写）￥1944.00		

销售方		备注
名称：	上海新大洲酒店有限公司	
纳税人识别号：	913101095886716646	
地址、电话：	上海市黄浦路112号 021－84215680	
开户行及账号：	建设银行上海黄浦支行 681564269018732	

收款人：杜鹏 复核： 开票人：张倩 销售方：（章）

第三联 发票联 购买方记账凭证

（印章：上海新大洲酒店有限公司 913101095886716646 发票专用章）

7-2-1-2：

015S012043 检票口A12

武 汉站 G678 上海虹桥站

Wuhan ——→ Shanghaihongqiao

20×2年01月20日13:35开 03车12A号

¥301.0元 网折 二等座

限乘当日当次车

4201021976****2356 赵伟

买票请到12306 发货请到95306

中国铁路祝您旅途愉快

21050310151017S012043 武C售

7-2-1-3：

015S012044　　　　　　　　　　　　　检票口 A08

上海虹桥站　　　　G576　　　　武　汉站

Shanghaihongqiao　　　→　　　Wuhan

20×2 年 01 月 24 日 08:27 开　　　06 车 09A 号

¥301.0 元　　　　网折　　　　二等座

限乘当日当次车

4201021976****2356 赵伟

买票请到 12306 发货请到 95306

中国铁路祝您旅途愉快

21050310151017S012044 武 C 售

7-2-2：

中国工商银行 网上银行电子回单

电子回单号码：0000302527572

付款人	户　名	武汉楚风家具有限公司	收款人	户　名	赵 伟
	账　号	62230286123618		账　号	62236385240368
	开户银行	中国工商银行武汉楚风支行		开户银行	中国工商银行武汉楚风支行
金　额		¥2,796.00	金　额（大写）		贰仟柒佰玖拾陆元整
交易流水号		00268015	交易时间		20×2年01月26日
中国工商银行 电子回单 专用章		备注：差旅费			
		记账网点 1260	记账柜员 12	记账日期	20×2年01月26日

重要提示：本回单不作为收款方发货依据，请勿重复记账。　　　打印日期：20×2年01月26日

8. 支付职工工资业务的原始凭证

8-1-1：

武汉楚风家具有限公司

20×1 年 12 月工资汇总表　　　单位：元

项　目	应发金额	扣养老保险	扣医疗保险	扣失业保险	扣住房公积金	实发金额
合　计	371 500.00	29 720.00	7 430.00	3 715.00	37 150.00	293 485.00

制表：　　　　　　　　　　　　　　　　20×2 年 1 月 5 日

8-1-2(20×2 年 1 月 6 日取得)：

中国工商银行 Industrial and Commercial Bank of China

电 子 转 账 凭 证

币别：人民币　　　　20×2 01 05　　　　流水号：20×201050278

付款人	全　称	武汉楚风家具有限公司	收款人	全　称	武汉楚风家具有限公司/个人
	账　号	62230286123618		账　号	
	开户行	中国工商银行武汉楚风支行		开户行	中国工商银行武汉楚风支行
金额	(大写)贰拾玖万叁仟肆佰捌拾伍元整				RMB293485.00
用途	职工 20×1 年 12 月份工资				
备注：					K00000000002 银行盖章

第一联 客户回单

中国工商银行武汉楚风支行 20×2.01.05 转讫

9. 职工福利费业务事项的原始凭证

9-1-1：

4200154130　　**湖北增值税普通发票**　　**№ 00129852** 4200154130

00129852

发票联　　全国统一发票监制章 湖北 国家税务总局监制

开票日期：20×2 年 01 月 27 日

购买方	名　　称：武汉楚风家具有限公司 纳税人识别号：9142010038MA4U65D1 地址、电话：武汉市楚风路 1 号 027-81886688 开户行及账号：工商银行武汉楚风支行 62230286123618			密码区	8-743+2+13<9+254+35*8+2-4>5 6-4-57*86+>6/01>4-4>0+834<3 8*2+5/3*8<696+8/30+3-2+9*47 7/2>2*5/5/47*-3-<3+2-70<4>3		
货物或应税劳务、服务名称	规格型号	单位	数量	单价	金额	税率	税额
盒饭					19160.38	6%	1149.62
合　计					19160.38		1149.62
价税合计（大写）	⊗贰万零叁佰壹拾圆整				（小写）¥20310.00		
销售方	名　　称：武汉便民餐饮有限公司 纳税人识别号：914201051828650697 地址、电话：武汉市人和路 125 号 027—84021568 开户行及账号：建设银行武汉人和支行 12387681526478			备注	武汉便民餐饮有限公司 914201051828650697 发票专用章		

收款人：　金莹　　　复核：　　　开票人：　程萍　　　销售方：（章）

第二联 发票联 购买方记账凭证

9-1-2：

武汉楚风家具有限公司

付 款 申 请 单

申请人	吴汉华	所属部门	行政办公室	申请日期	20×2年1月27日
费用金额	¥20310.00	付款方式	☐现金 ☐支票 ☑网银 ☐电汇 其他________		
事 由	中餐费				
收款单位	武汉便民餐饮有限公司		地 址	武汉市人和路125号	
开户银行	建设银行武汉人和支行		账 号	12387681526478	
联系人		职 务		电 话	027—84021568
部门领导	何文	公司领导	张开新	备 注	

9-1-3：

中国工商银行 网上银行电子回单

电子回单号码：000031934246

付款人	户 名	武汉楚风家具有限公司	收款人	户 名	武汉便民餐饮有限公司
	账 号	62230286123618		账 号	12387681526478
	开户银行	中国工商银行武汉楚风支行		开户银行	中国建设银行武汉人和支行
金 额		¥20,310.00	金 额（大写）		贰万零叁佰壹拾元整
交易流水号		00269256	交易时间		20×2年01月27日
中国工商银行 电子回单 专用章		备注：餐费			
		记账网点 1260	记账柜员 12	记账日期	20×2年01月27日

重要提示：本回单不作为收款方发货依据，请勿重复记账。　　打印日期：20×2年01月27日

9-2：

武汉楚风家具有限公司

职工中餐费分配表

20×2 年 1 月

部门	人员类别	人次	职工福利费(元)
行政部门	行政管理人员	355	3 550.00
销售部	产品销售人员	36	360.00
制作车间	车间管理人员	40	400.00
	生产工人	1 260	12 600.00
油漆车间	车间管理人员	40	400.00
	生产工人	300	3 000.00
合计		2 031	20 310.00

制表：吴汉华　　　　20×2 年 1 月 27 日

10. 其他职工薪酬业务的原始凭证

10-1-1（20×2 年 1 月 15 日取得）：

中国工商银行 Industrial and Commercial Bank of China

电子转账凭证

币别：人民币　　20×2 01 14　　流水号：20×20140237

付款人	全称	武汉楚风家具有限公司	收款人	全称	武汉市工会
	账号	62230286123618		账号	268187356426901
	开户行	中国工商银行武汉楚风支行		开户行	中国农业银行武汉中山支行
金额	(大写)柒仟肆佰叁拾元整				RMB7430.00
用途	上解上月工会经费				
备注:			中国工商银行武汉楚风支行 20×2.01.14 转讫 K00000000002 银行盖章		

第一联 客户回单

10-1-2(20×2 年 1 月 15 日取得):

中国工商银行 Industrial and Commercial Bank of China

电子转账凭证

币别：人民币　　20×2 01 14　　流水号：20×20140238

付款人	全　称	武汉楚风家具有限公司	收款人	全　称	武汉市住房公积金管理中心
	账　号	62230286123618		账　号	690187422681356
	开户行	中国工商银行武汉楚风支行		开户行	汉口银行武汉江南支行
金额	(大写)柒万贰仟玖佰元整				RMB72900.00
用途	缴纳上月职工住房公积金				
备注：					中国工商银行武汉楚风支行 20×2.01.14 转讫 K00000000002 银行盖章

第一联 客户回单

10-2(20×2 年 1 月 7 日取得):

中国工商银行电子缴税付款凭证

转账日期：20×2 年 01 月 06 日　　凭证字号：20×201065894232

纳税人全称：武汉楚风家具有限公司　　纳税人识别号：9142010038MA4U65D1

付款人全称：武汉楚风家具有限公司　　征收机关：武汉市汉阳区税务局

付款人开户银行：中国工商银行武汉楚风支行　　收款国库：武汉市金库 867018

付款人账号：62230286123618　　缴款书交易流水号：20×201062303404

大写(合计)金额：壹拾伍万陆仟零陆元整　　税票号码：YHDYH0000001405379

小写(合计)金额：￥156006.00

税(费)种名称	所属期间	实缴金额
基本养老保险金	20×20101-20×20131	102060.00
基本医疗保险金	20×20101-20×20131	36450.00
失业保险金	20×20101-20×20131	10935.00
工伤保险金	20×20101-20×20131	3645.00
生育保险金	20×20101-20×20131	2916.00

中国工商银行武汉楚风支行 20×2.01.06 转讫

第 1 次打印　　打印日期：20×20106

11. 公用事业费支付业务的原始凭证

11-1-1：

武汉楚风家具有限公司

付 款 申 请 单

申请人	吴汉华	所属部门	行政办公室	申请日期	20×2 年 1 月 26 日
费用金额	¥240.00	付款方式	☐现金　☐支票　☑网银　☐电汇　其他________		
事　由	水费　　（☐附清单）				
收款单位	武汉自来水有限公司		地　址	武汉市风华路 8 号	
开户银行	建设银行武汉风华支行		账　号	256894015628932	
联系人		职　务		电　话	027—33331111
部门领导	何久	公司领导	张开新	备　注	

11-1-2：

中国工商银行　网上银行电子回单

电子回单号码：0000302527575

付款人	户　名	武汉楚风家具有限公司	收款人	户　名	武汉自来水有限公司
	账　号	62230286123618		账　号	256894015628932
	开户银行	中国工商银行武汉楚风支行		开户银行	中国建设银行武汉风华支行
金　额		¥240.00	金　额（大写）		贰佰肆拾元整
交易流水号		00268052	交易时间		20×2年01月26日
（印章：中国工商银行 电子回单专用章）		备注：水费			
		记账网点 1260	记账柜员 12	记账日期	20×2年01月26日

重要提示：本回单不作为收款方发货依据，请勿重复记账。　　打印日期：20×2年01月26日

11-1-3：

4200123140 湖北增值税专用发票 № 01335745

发 票 联

开票日期：20×2 年 01 月 26 日

购买方	名 称：武汉楚风家具有限公司 纳税人识别号：9142010038MA4U65D1 地址、电话：武汉市楚风路 1 号 027-81886688 开户行及账号：工商银行武汉楚风支行 62230286123618			密码区	92/37+843+50+-4-+>4>0+86/0* 787*7-70<*856<-41-2++9441>3 2+3<9+004*/486*/32-4>566<33 80/52>2+5*8+*-3-<327/+->342		
货物或应税劳务、服务名称	规格型号	单位	数 量	单 价	金 额	税率	税 额
自来水		吨	120	1.8349	220.19	9%	19.81
合 计					220.19		19.81
价税合计（大写）	⊗贰佰肆拾圆整				（小写）¥240.00		
销售方	名 称：武汉自来水有限公司 纳税人识别号：914201032648563981 地址、电话：武汉市风华路 8 号 027—33331111 开户行及账号：建设银行武汉风华支行 256894015628932			备注	武汉自来水有限公司 914201032648563981 发票专用章		

收款人： 复核： 开票人： 万欣 销售方：（章）

第三联 发票联 购买方记账凭证

11-2-1：

武汉楚风家具有限公司

付 款 申 请 单

申请人	吴汉华	所属部门	行政办公室	申请日期	20×2 年 1 月 26 日
费用金额	¥22719.78	付款方式	□现金 □支票 ☑网银 □电汇 其他________		
事 由	电费				
收款单位	武汉供电有限公司		地 址	武汉市长虹路 12 号	
开户银行	汉口银行武汉长虹支行		账 号	156289322568940	
联系人		职 务		电 话	027—52116616
部门领导	何文	公司领导	张开新	备 注	

11-2-2：

中国工商银行 网上银行电子回单

电子回单号码：0000302527576

付款人	户 名	武汉楚风家具有限公司	收款人	户 名	武汉供电有限公司
	账 号	62230286123618		账 号	156289322568940
	开户银行	中国工商银行武汉楚风支行		开户银行	汉口银行武汉长虹支行
金 额		¥22,719.78	金 额（大写）		贰万贰仟柒佰壹拾玖元柒角捌分
交易流水号		00268076	交易时间		20×2年01月26日
中国工商银行 电子回单 专用章		备注：电费			
		记账网点 1260	记账柜员 12	记账日期	20×2年01月26日

重要提示：本回单不作为收款方发货依据，请勿重复记账。　　打印日期：20×2年01月26日

11-2-3：

4200123141　　**湖北增值税专用发票**　　№ 20513645

发 票 联

开票日期：20×2年01月26日

购买方	名　称：武汉楚风家具有限公司 纳税人识别号：9142010038MA4U65D1 地址、电话：武汉市楚风路1号 027-81886688 开户行及账号：工商银行武汉楚风支行 62230286123618			密码区	16+7+82+3<9+4*3-867*/32-4>5 9-41>31>4143+50+92-41-2++94 56<-36++94<3/32-4>566<33-45 80/52>2+6+*23*-3-<37/+7-6>3		
货物或应税劳务、服务名称	规格型号	单位	数 量	单 价	金 额	税率	税 额
电力		千瓦时	26808	0.75	20106.00	13%	2613.78
合 计					20106.00		2613.78
价税合计（大写）	⊗贰万贰仟柒佰壹拾玖圆柒角捌分				（小写）¥22719.78		
销售方	名　称：武汉供电有限公司 纳税人识别号：914201031569565682 地址、电话：武汉市长虹路12号 027－52116616 开户行及账号：汉口银行武汉长虹支行 156289322568940			备注	武汉供电有限公司 914201031569565682 发票专用章		

第三联 发票联 购买方记账凭证

收款人：　　复核：　　开票人：张珊　　销售方：（章）

11-2-4：

武汉楚风家具有限公司

电 费 分 配 表

20×2年1月

部　　门	用电量(千瓦时)	电费(元)
行政部门	4 021	3 015.75
销售部	805	603.75
制作车间	14 744	11 058.00
油漆车间	7 238	5 428.50
合　　计	26 808	20 106.00

制表：吴汉华　　　　20×2年1月26日

11-3-1：

武汉楚风家具有限公司

付 款 申 请 单

申请人	吴汉华	所属部门	行政办公室	申请日期	20×2年1月26日
费用金额	¥2723.68	付款方式	□现金　□支票　☑网银　□电汇　其他________		
事　由	电信费				
收款单位	中国电信武汉分公司		地　址	武汉市民主路471号	
开户银行	工商银行武汉民主支行		账　号	893225401566892	
联系人		职　务		电　话	027—88841537
部门领导	何文	公司领导	张开新	备　注	

11-3-2：

中国工商银行 网上银行电子回单

电子回单号码：0000302527577

付款人	户 名	武汉楚风家具有限公司	收款人	户 名	中国电信股份有限公司武汉分公司
	账 号	62230286123618		账 号	893225401566892
	开户银行	中国工商银行武汉楚风支行		开户银行	中国工商银行武汉民主支行
金 额		¥2,723.68	金 额（大写）		贰仟柒佰贰拾叁元陆角捌分
交易流水号		00268093	交易时间		20×2年01月26日
		备注：电信费			
		记账网点 1260	记账柜员 12		记账日期 20×2年01月26日

重要提示：本回单不作为收款方发货依据，请勿重复记账。 打印日期：20×2年01月26日

11-3-3：

湖北增值税专用发票

4200126141 **№ 00564501**

发 票 联

开票日期：20×2年01月26日

购买方	名 称：武汉楚风家具有限公司 纳税人识别号：9142010038MA4U65D1 地址、电话：武汉市楚风路1号 027-81886688 开户行及账号：工商银行武汉楚风支行 62230286123618				密码区	87*43+50+-4-+>4>0+86/0*41-2 7-70<*856<-67++94->36<3392/ 32+373<9+004*/48*/32-4>5+86 80/52>2+1>4+*-3-<35*827/+42	
货物或应税劳务、服务名称	规格型号	单位	数量	单价	金额	税率	税额
基础电信服务					2352.00	9%	211.68
合 计					2352.00		211.68
价税合计（大写）	⊗贰仟伍佰陆拾叁圆陆角捌分				（小写）¥2563.68		
销售方	名 称：中国电信股份有限公司武汉分公司 纳税人识别号：914201062195648934 地址、电话：武汉市民主路471号 027—88841537 开户行及账号：工商银行武汉民主支行 893225401566892				备注		

收款人： 复核： 开票人：林梅 销售方：（章）

第三联 发票联 购买方记账凭证

11-3-4：

4200126141　　**湖北增值税专用发票**　　№ 00564502

发 票 联

开票日期：20×2 年 01 月 26 日

购买方		密码区
名　　称：	武汉楚风家具有限公司	4*/41-250+-4-5*8+>4>0+6/0*4
纳税人识别号：	9142010038MA4U65D1	7-70<*856<-94+39+36<32/31>4
地址、电话：	武汉市楚风路 1 号 027-81886688	43+2+3<9+64277**/32-84>57+8
开户行及账号：	工商银行武汉楚风支行 62230286123618	80/52>2+67+6*88-3-<327/+->3

货物或应税劳务、服务名称	规格型号	单位	数　量	单　价	金　额	税率	税　额
增值电信服务					150.94	6%	9.06
合　计					150.94		9.06
价税合计（大写）	⊗壹佰陆拾圆整				（小写）¥160.00		

销售方		备注
名　　称：	中国电信股份有限公司武汉分公司	中国电信股份有限公司武汉分公司 914201062195648934 发票专用章
纳税人识别号：	914201062195648934	
地址、电话：	武汉市民主路 471 号 027—88841537	
开户行及账号：	工商银行武汉民主支行 893225401566892	

收款人：　　复核：　　开票人：林梅　　销售方：（章）

第三联　发票联　购买方记账凭证

11-3-5：

武汉楚风家具有限公司

电 信 费 分 配 表

20×2 年 1 月　　单位：元

部　　门	电话费	网　费	合　计
行政部门	1 411.20	150.94	1 562.14
销售部	705.60		705.60
制作车间	119.20		119.20
油漆车间	116.00		116.00
合　　计	2 352.00	150.94	2 502.94

制表：吴汉华　　20×2 年 1 月 26 日

12. 其他业务事项的原始凭证

12-1（20×2 年 1 月 13 日取得）：

中国工商银行电子缴税付款凭证

转账日期：20×2 年 01 月 12 日　　凭证字号：20×20112045485

纳税人全称：武汉楚风家具有限公司　　纳税人识别号：9142010038MA4U65D1

付款人全称：武汉楚风家具有限公司　　征收机关：武汉市汉阳区税务局

付款人开户银行：中国工商银行武汉楚风支行　　收款国库：武汉市金库 867018

付款人账号：62230286123618　　缴款书交易流水号：20×2011203436152

大写(合计)金额：壹拾陆万肆仟伍佰贰拾捌元整　　税票号码：420005013262263631

小写(合计)金额：￥164528.00

税(费)种名称	所属期间	实缴金额
增值税	20×11201-20×11231	146900.00
城市维护建设税	20×11201-20×11231	10283.00
教育费附加	20×11201-20×11231	4407.00
地方教育附加	20×11201-20×11231	2938.00

中国工商银行武汉楚风支行　20×2.01.12　转讫

第 1 次打印　　打印日期：20×20112

12-2：

武汉楚风家具有限公司

固定资产折旧计提表

20×2 年 1 月

使用部门	类　别	资产原值	折旧年限(年)	月折旧额(元)
行政管理部门	房屋建筑物	2 848 000.00	20	11 392.00
	机器设备	40 000.00	10	320.00
	运输工具	100 000.00	8	1 171.88
	工具家具	10 9100.00	5	1 745.60
	电子设备	14 400.00	3	384.00
	小　计	3 111 500.00	—	15 013.48
销售部	工具家具	9 700.00	5	155.20
	电子设备	3 600.00	3	96.00
	小　计	13 300.00	—	251.20
制作车间	房屋建筑物	1 800 000.00	20	7 200.00
	机器设备	1 140 000.00	10	9 120.00
	小　计	2 940 000.00	—	16 320.00
油漆车间	房屋建筑物	1 200 000.00	20	4 800.00
	机器设备	180 000.00	10	1 440.00
	小　计	1 380 000.00	—	6 240.00
合　计		7 444 800.00	—	37 824.68

制表：　　20×2 年 1 月 31 日

12-3：

武汉楚风家具有限公司

无形资产摊销计算表

20×2 年 1 月

资产名称	原始价值（元）	摊销年限（年）	月摊销额（元）
土地使用权	6 000 000.00	50	10 000.00

制表：　　　　　　　　　　　　　　　　　　　　20×2 年 1 月 31 日

13. 月末业务事项的原始凭证

13-1：

武汉楚风家具有限公司

工 资 分 配 表

20×2 年 1 月

部　门	人员类别	应付工资(元)
行政部门	管理人员	73 600.00
销售部	销售人员	8 300.00
制作车间	管理人员	8 300.00
	生产工人	217 000.00
油漆车间	管理人员	8 300.00
	生产工人	49 000.00
合　计		364 500.00

制表：　　　　　　　　　　　　　　　　　　　　20×2 年 1 月 31 日

13-2：

武汉楚风家具有限公司

工会经费计提表

20×2 年 1 月　　　　单位：元

部　　门	人员类别	工资总额	工会经费
行政部门	管理人员	73 600.00	1 472.00
销售部	销售人员	8 300.00	166.00
制作车间	管理人员	8 300.00	166.00
	生产工人	217 000.00	4 340.00
油漆车间	管理人员	8 300.00	166.00
	生产工人	49 000.00	980.00
合　　计		364 500.00	7 290.00

制表：　　　　20×2 年 1 月 31 日

13-3：

武汉楚风家具有限公司

职工“五险一金”计提表

20×2 年 1 月　　　　单位：元

部　门	人员类别	工资总额	养老保险	医疗保险	失业保险	工伤保险	生育保险	住房公积金	合　计
行政部门	管理人员	73 600.00	14 720.00	5 888.00	1 472.00	736.00	588.80	7 360.00	30 764.80
销售部	销售人员	8 300.00	1 660.00	664.00	166.00	83.00	66.40	830.00	3 469.40
制作车间	管理人员	8 300.00	1 660.00	664.00	166.00	83.00	66.40	830.00	3 469.40
	生产工人	217 000.00	43 400.00	17 360.00	4 340.00	2 170.00	1 736.00	21 700.00	90 706.00
油漆车间	管理人员	8 300.00	1 660.00	664.00	166.00	83.00	66.40	830.00	3 469.40
	生产工人	49 000.00	9 800.00	3 920.00	980.00	490.00	392.00	4 900.00	20 482.00
合　　计		364 500.00	72 900.00	29 160.00	7 290.00	3 645.00	2 916.00	36 450.00	152 361.00

制表：　　　　20×2 年 1 月 31 日

13-4：

武汉楚风家具有限公司

制造费用分配表

20×2年1月

车　间	制造费用额(元)	分配对象	分配比例(%)	分配金额(元)
制作车间		桌椅	100	
油漆车间		桌椅	100	

制表：　　　　20×2年1月31日

13-5-1：

武汉楚风家具有限公司

产 品 入 库 单　　CPRK010001

20×2 年 1 月 9 日

生产车间：油漆车间

产品名称	规格型号	单位	交库数量	实收数量	备 注
桌椅		组	250	250	

②财务

交库人：刘阳　　收货人：张强

13-5-2：

武汉楚风家具有限公司

产 品 入 库 单　　CPRK010002

20×2 年 1 月 16 日

生产车间：油漆车间

产品名称	规格型号	单位	交库数量	实收数量	备 注
桌椅		组	250	250	

②财务

交库人：刘阳　　收货人：张强

13-5-3：

武汉楚风家具有限公司

产品入库单

CPRK010003

20×2 年 1 月 23 日

生产车间：油漆车间

产品名称	规格型号	单位	交库数量	实收数量	备 注
桌椅		组	250	250	

②财务

交库人：刘阳　　收货人：张强

13-5-4：

武汉楚风家具有限公司

产品入库单

CPRK010004

20×2 年 1 月 30 日

生产车间：油漆车间

产品名称	规格型号	单位	交库数量	实收数量	备 注
桌椅		组	250	250	

②财务

交库人：刘阳　　收货人：张强

13-5-5：

武汉楚风家具有限公司

产品生产情况报告单

20×2 年 1 月

车间：制作车间

产品名称	规格型号	单位	本月投产数量	本月完工数量	月末在产品数量	备 注
桌椅		组	1 000	1 000	0	转油漆车间

填表：李斌　　20×2 年 1 月 31 日

13-5-6：

武汉楚风家具有限公司

产品生产情况报告单

20×2 年 1 月

车间：油漆车间

产品名称	规格型号	单位	本月投产数量	本月完工数量	月末在产品数量	备　注
桌椅		组	1 000	1 000	0	交成品仓库

填表：刘阳　　　　20×2 年 1 月 31 日

13-5-7：

武汉楚风家具有限公司

完工产品成本计算表

20×2 年 1 月

完工产品总成本(元)	完工产品数量(组)	完工产品单位成本(元/组)

制表：　　　　20×2 年 1 月 31 日

13-6-1：

武汉楚风家具有限公司

产 品 出 库 单

CPCK002001

20×2 年 1 月 5 日

发往单位：汉口家具商场

产品名称	规格型号	单位	提货数量	实发数量	备 注
桌椅		组	200	200	

②财务

提货人：王拓　　　　发货人：张强

13-6-2：

武汉楚风家具有限公司

产品出库单

CPCK002002

20×2 年 1 月 6 日

发往单位：汉阳家具商场

产品名称	规格型号	单位	提货数量	实发数量	备 注
桌椅		组	150	150	

②财务

提货人：王柘　　发货人：张强

13-6-3：

武汉楚风家具有限公司

产品出库单

CPCK002003

20×2 年 1 月 7 日

发往单位：武昌家具商场

产品名称	规格型号	单位	提货数量	实发数量	备 注
桌椅		组	200	200	

②财务

提货人：王柘　　发货人：张强

13-6-4：

武汉楚风家具有限公司

产品出库单

CPCK002004

20×2 年 1 月 20 日

发往单位：汉口家具商场

产品名称	规格型号	单位	提货数量	实发数量	备 注
桌椅		组	200	200	

②财务

提货人：王柘　　发货人：张强

13-6-5：

武汉楚风家具有限公司

产 品 出 库 单　　CPCK002005

20×2 年 1 月 21 日

发往单位：汉阳家具商场

产品名称	规格型号	单位	提货数量	实发数量	备 注
桌椅		组	150	150	

②财务

提货人：王拓　　发货人：张强

13-6-6：

武汉楚风家具有限公司

产 品 出 库 单　　CPCK002006

20×2 年 1 月 23 日

发往单位：武昌家具商场

产品名称	规格型号	单位	提货数量	实发数量	备 注
桌椅		组	200	200	

②财务

提货人：王拓　　发货人：张强

13-6-7：

武汉楚风家具有限公司

产品销售成本计算表

20×2 年 1 月

月初结存产品总成本（元）	本月入库产品总成本（元）	月初结存产品数量（组）	本月入库产品数量（组）	产品平均单位成本（元/组）	本月销售产品数量（组）	本月销售产品成本（元）

制表：　　20×2 年 1 月 31 日

13-7：

武汉楚风家具有限公司

附加税（费）计提表

20×2 年 1 月

税费名称	计税(费)依据	计税(费)金额	税(费)率(%)	税(费)额(元)
城市维护建设税	增值税额			
教育费附加	增值税额			
地方教育附加	增值税额			
合　　计		—	—	

制表：　　　　　　　　　　　　　　　　　　20×2 年 1 月 31 日

13-8：

（结转本月损益）

（二）日记账记录

下面是出纳提供的银行存款日记账 20×2 年 1 月份记录。

1：

第1号

银行存款日记账

开户行　工商银行武汉楚风支行

账　号　62230286123618

20×2年 月	日	凭证 字	号	票据 字	号	摘要	√	借方（千百十万千百十元角分）	贷方（千百十万千百十元角分）	余额（千百十万千百十元角分）
						上年结转				275637949
1	4	记	4			收货款	√	33900000		309537949
	6	记	6			发放上月工资	√		29348500	280189449
	7	记	8			缴纳职工社会保险	√		15600600	264588849
	8	记	11			付货款	√		4090600	260498249
	13	记	14			缴纳税费	√		16452800	244045449
	14	记	15			吴汉华购办公用品	√		36000	244009449
	15	记	16			缴纳工会经费、住房公积金	√		8033000	235976449
	16	记	17			收货款	√	100000000		
	16	记	18			何久报销招待费	√		38000	335938449
	20	记	21			张开新报销差旅费	√		609100	
	20	记	23			付货款	√		4198176	331131173
	21	记	25			收货款	√	20000000		351131173
	22	记	28			付货款	√		2260000	348871173
	26	记	32			赵伟报销差旅费	√		279600	348591573
						过 次 页		153900000	80946376	348591573

2：

第2号

银行存款日记账

开户行	工商银行武汉楚风支行
账　号	62230286123618

20×2年		凭证		票据		摘　　要	√	借　方	贷　方	余　额
月	日	字	号	字	号			千百十万千百十元角分	千百十万千百十元角分	千百十万千百十元角分
						承前页		153900000	80946376	348591573
1	26	记	33			付水费	√		24000	
	26	记	34			付电费	√		2271978	
	26	记	35			付电信费	√		272368	346023227
	27	记	36			付职工中餐费	√		2031000	343992227
	28	记	39			付货款	√		847500	343144727
	29	记	40			安泰报销加油费	√		130900	343013827
	30	记	41			付货款	√		565000	342448827
						本月合计		153900000	87089122	342448827
						过次页				

注：账页中“本月合计”上方和下方的线是通栏红线，下同。

二、20×2 年 2 月的凭证资料

(一)原始凭证

1. 材料采购业务的原始凭证

1-1-1:

4200014120　　**湖北增值税专用发票**　　№ 20351635

发票联

开票日期：20×2 年 02 月 02 日

购买方	名　　称：	武汉楚风家具有限公司	密码区	2+87->32>2+5*67-543++86/0*4
	纳税人识别号：	9142010038MA4U65D1		6<35-22/47-70<*86+3+94<33/3
	地址、电话：	武汉市楚风路 1 号 027-81886688		2+38>552-4-6+2-4>7+8<9+4*36
	开户行及账号：	工商银行武汉楚风支行 62230286123618		31>4180/5*8+4>0*-3-<37/40+9

货物或应税劳务、服务名称	规格型号	单位	数 量	单 价	金 额	税率	税 额
螺钉	25	盒	500	10.00	5000.00	13%	650.00
合 计					5000.00		650.00
价税合计（大写）	⊗伍仟陆佰伍拾圆整				（小写）¥5650.00		

销售方	名　　称：	武汉茂源标准件有限公司	备注	
	纳税人识别号：	914201021285645668		
	地址、电话：	武汉市汉北路 10 号 027-82131211		
	开户行及账号：	汉口银行武汉汉北支行 612185243702116		

收款人：　　复核：　　开票人：王芳　　销售方：(章)

第三联 发票联 购买方记账凭证

1-1-2:

武汉楚风家具有限公司

材 料 入 库 单　　CLRK005006

20×2 年 2 月 2 日

材料来源：武汉茂源标准件有限公司

材料名称	规格型号	单位	交库数量	实收数量	备 注
螺钉	25	盒	500	500	

②财务

交库人：周林　　收货人：张强

1-2-1：

4200014123　　**湖北增值税专用发票**　　№ 25013536

发票联

开票日期：20×2 年 02 月 06 日

购买方	名　　称：武汉楚风家具有限公司 纳税人识别号：9142010038MA4U65D1 地址、电话：武汉市楚风路 1 号 027-81886688 开户行及账号：工商银行武汉楚风支行 62230286123618			密码区	87*6731>4143+50+94>0+86/0*4 2/47-70<*85-26<-36++94<33/3 52-4-6+>7+82+3<9+4*382-4>56 80/52>2+5*8+*-3-<32+->37/42		
货物或应税劳务、服务名称	规格型号	单位	数量	单价	金额	税率	税额
原木	杉木	m^3	45.66	800.00	36528.00	13%	4748.64
合　计					36528.00		4748.64
价税合计（大写）	⊗肆万壹仟贰佰柒拾陆圆陆角肆分				（小写）¥41276.64		
销售方	名　　称：武汉佳禾木材有限公司 纳税人识别号：914201048656456125 地址、电话：武汉市汉西路 1 号 027-83231256 开户行及账号：农业银行武汉汉西支行 17028524321168			备注			

收款人：　　复核：　　开票人：张燕　　销售方：（章）

第三联 发票联 购买方记账凭证

1-2-2：

武汉楚风家具有限公司

材 料 入 库 单　　CLRK005007

20×2 年 2 月 6 日

材料来源：武汉佳禾木材有限公司

材料名称	规格型号	单位	交库数量	实收数量	备注
原木	杉木	m^3	45.66	45.66	

②财务

交库人：周林　　收货人：张强

1-3-1：

4200014120　　**湖北增值税专用发票**　　№ 01235563

发票联

开票日期：20×2 年 02 月 10 日

购买方	名　　称：武汉楚风家具有限公司 纳税人识别号：9142010038MA4U65D1 地址、电话：武汉市楚风路 1 号 027-81886688 开户行及账号：工商银行武汉楚风支行 62230286123618			密码区	43+51>410+92-4-9+>4-0+80*43 6<-32/47-70<*83/35-26++94<3 7+82+3<9+4*38-6+87*/32-4>56 5+2>2+8*-3-<35*82+4-1>37/42		
货物或应税劳务、服务名称	规格型号	单位	数量	单价	金额	税率	税额
钢条	2000×30×3	根	2000	6.00	12000.00	13%	1560.00
合　计					12000.00		1560.00
价税合计（大写）	⊗壹万叁仟伍佰陆拾圆整				（小写）￥13560.00		
销售方	名　　称：武汉福盛钢材有限公司 纳税人识别号：914201066456120482 地址、电话：武汉市汉东路 2 号 027-86125236 开户行及账号：建设银行武汉汉东支行 43211702852216			备注	武汉福盛钢材有限公司 914201066456120482 发票专用章		

收款人：　　复核：　　开票人：刘娟　　销售方：（章）

第三联 发票联 购买方记账凭证

1-3-2：

武汉楚风家具有限公司

材料入库单　　CLRK005008

20×2 年 2 月 10 日

材料来源：武汉福盛钢材有限公司

材料名称	规格型号	单位	交库数量	实收数量	备注
钢条	2000×30×3	根	2000	2000	

②财务

交库人：周林　　　　收货人：张强

1-4-1：

4200014123 **湖北增值税专用发票** № 26435015

发 票 联

开票日期：20×2年02月17日

购买方	名　　称：武汉楚风家具有限公司 纳税人识别号：9142010038MA4U65D1 地址、电话：武汉市楚风路1号 027-81886688 开户行及账号：工商银行武汉楚风支行 62230286123618	密码区	4<387*6143+50+9>0+86/0*4+96 2/47-70<*85-22-4>46<-36+3/3 7+831>42+3<9+4*387*/32-4>56 80/5++2>2*-3-<35*82+7/4->32

货物或应税劳务、服务名称	规格型号	单位	数量	单价	金额	税率	税额
原木	杉木	m^3	44.30	800.00	35440.00	13%	4607.20
合　计					35440.00		4607.20
价税合计（大写）	⊗肆万零肆拾柒圆贰角				（小写）¥40047.20		

销售方	名　　称：武汉佳禾木材有限公司 纳税人识别号：914201048656456125 地址、电话：武汉市汉西路1号 027-83231256 开户行及账号：农业银行武汉汉西支行 17028524321168	备注	武汉佳禾木材有限公司 914201048656456125 发票专用章

收款人：　　复核：　　开票人：张燕　　销售方：（章）

第三联 发票联 购买方记账凭证

1-4-2：

武汉楚风家具有限公司

材 料 入 库 单 CLRK005009

20×2 年 2 月 17 日

材料来源：武汉佳禾木材有限公司

材料名称	规格型号	单位	交库数量	实收数量	备注
原木	杉木	m^3	44.30	44.30	

②财务

交库人：周林　　收货人：张强

1-5-1：

4200014121 湖北增值税专用发票 № 02654135

发 票 联

开票日期：20×2 年 02 月 26 日

购买方	名称：武汉楚风家具有限公司 纳税人识别号：9142010038MA4U65D1 地址、电话：武汉市楚风路 1 号 027-81886688 开户行及账号：工商银行武汉楚风支行 62230286123618	密码区	50+987*61>0+86/0*4+94<343+6 3/32/47-70+85-22-4>46<-36+6 7/41>47+82+3<9+4*32-4>57*/3 80/5++2>2*-3-<35*82+9-21>32

货物或应税劳务、服务名称	规格型号	单位	数量	单价	金额	税率	税额
包装纸		卷	500	10.00	5000.00	13%	650.00
包装绳		卷	500	5.00	2500.00	13%	325.00
合 计					7500.00		975.00
价税合计（大写）	⊗捌仟肆佰柒拾伍圆整				（小写）¥8475.00		

销售方	名称：武汉焕新包装材料有限公司 纳税人识别号：914201104561286567 地址、电话：武汉市楚风路 108 号 027-84256231 开户行及账号：湖北银行武汉楚风支行 62236180286123	备注	武汉焕新包装材料有限公司 914201104561286567 发票专用章

收款人： 复核： 开票人： 陈露 销售方：（章）

第三联 发票联 购买方记账凭证

1-5-2：

武汉楚风家具有限公司

材料入库单 CLRK005010

20×2 年 2 月 26 日

材料来源：武汉焕新包装材料有限公司

材料名称	规格型号	单位	交库数量	实收数量	备注
包装绳		卷	500	500	
包装纸		卷	500	500	

②财务

交库人：周林 收货人：张强

1-6-1：

4200014121　　湖北增值税专用发票　　№ 15242351

发票联

开票日期：20×2 年 02 月 27 日

购买方	名　　称：武汉楚风家具有限公司 纳税人识别号：9142010038MA4U65D1 地址、电话：武汉市楚风路 1 号 027-81886688 开户行及账号：工商银行武汉楚风支行 62230286123618			密码区	2-4>53+21>41-9+>4>0+8843+2-4 2/47-70<7+8*86<-36+6+94<35-2 3/32+3<9+6/0*45*84*38*67*/36 2+->380/5+7/4+50+9*2>2-3-<32		
货物或应税劳务、服务名称	规格型号	单位	数量	单价	金额	税率	税额
腻子		桶	25	200.00	5000.00	13%	650.00
油漆	透明	桶	25	400.00	10000.00	13%	1300.00
合　计					15000.00		1950.00
价税合计（大写）	⊗壹万陆仟玖佰伍拾圆整				（小写）￥16950.00		
销售方	名　　称：武汉七彩油漆有限公司 纳税人识别号：914201035618656423 地址、电话：武汉市汉南路 8 号 027-83122213 开户行及账号：中国银行武汉汉南支行 62242102852018			备注	武汉七彩油漆有限公司 914201035618656423 发票专用章		

收款人：　　复核：　　开票人：李婷　　销售方：（章）

第三联 发票联 购买方记账凭证

1-6-2：

武汉楚风家具有限公司

材料入库单　　CLRK005011

20×2 年 2 月 27 日

材料来源：武汉七彩油漆有限公司

材料名称	规格型号	单位	交库数量	实收数量	备注
腻子		桶	25	25	
油漆	透明	桶	25	25	

②财务

交库人：周林　　收货人：张强

2. 支付货款业务的原始凭证

2-1-1：

武汉楚风家具有限公司

付 款 申 请 单

申请人	周林	所属部门	供应部	申请日期	20×2 年 2 月 6 日
费用金额	¥39369.20	付款方式	□现金 □支票 ☑网银 □电汇 其他______		
事 由	材料款				
收款单位	武汉佳禾木材有限公司		地 址	武汉市汉西路 1 号	
开户银行	农业银行武汉汉西支行		账 号	17028524321168	
联系人		职 务		电 话	027-83231256
部门领导	郭尚明	公司领导	张开新	备 注	

2-1-2：

中国工商银行 网上银行电子回单

电子回单号码：000082564361

付款人	户 名	武汉楚风家具有限公司	收款人	户 名	武汉佳禾木材有限公司
	账 号	62230286123618		账 号	17028524321168
	开户银行	中国工商银行武汉楚风支行		开户银行	中国农业银行武汉汉西支行
金 额		¥39,369.20	金 额（大写）		叁万玖仟叁佰陆拾玖元贰角整
交易流水号		00012575	交易时间		20×2年02月06日
中国工商银行 电子回单 专用章		备注：货款			
		记账网点 1260	记账柜员 12	记账日期	20×2年02月06日

重要提示：本回单不作为收款方发货依据，请勿重复记账。 打印日期：20×2年02月06日

2-2-1：

武汉楚风家具有限公司

付款申请单

申请人	周林	所属部门	供应部	申请日期	20×2 年 2 月 10 日
费用金额	¥13560.00	付款方式	□现金　□支票　☑网银　□电汇　其他______		
事　由	材料款				
收款单位	武汉福盛钢材有限公司		地　址	武汉市汉东路 2 号	
开户银行	建设银行武汉汉东支行		账　号	43211702852216	
联系人		职　务		电　话	027-86125236
部门领导	郭尚明	公司领导	张乔新	备　注	

2-2-2：

中国工商银行　网上银行电子回单

电子回单号码：000086524132

付款人	户　名	武汉楚风家具有限公司	收款人	户　名	武汉福盛钢材有限公司
	账　号	62230286123618		账　号	43211702852216
	开户银行	中国工商银行武汉楚风支行		开户银行	中国建设银行武汉汉东支行
金　额		¥13,560.00	金　额（大写）		壹万叁仟伍佰陆拾元整
交易流水号		00016535	交易时间		20×2年02月10日
中国工商银行 电子回单专用章		备注：货款			
		记账网点 1260	记账柜员 12	记账日期	20×2年02月10日

重要提示：本回单不作为收款方发货依据，请勿重复记账。　　　打印日期：20×2年02月10日

2-3-1：

武汉楚风家具有限公司

付款申请单

申请人	周林	所属部门	供应部	申请日期	20×2年2月17日
费用金额	¥41276.64	付款方式	□现金　□支票　☑网银　□电汇　其他______		
事　由	材料款				
收款单位	武汉佳禾木材有限公司		地　址	武汉市汉西路1号	
开户银行	农业银行武汉汉西支行		账　号	17028524321168	
联系人		职　务		电　话	027-83231256
部门领导	郭尚明	公司领导	张开新	备　注	

2-3-2：

中国工商银行　网上银行电子回单

电子回单号码：000116513224

付款人	户　名	武汉楚风家具有限公司	收款人	户　名	武汉佳禾木材有限公司
	账　号	62230286123618		账　号	17028524321168
	开户银行	中国工商银行武汉楚风支行		开户银行	中国农业银行武汉汉西支行
金　额		¥41,276.64	金　额（大写）		肆万壹仟贰佰柒拾陆元陆角肆分
交易流水号		00028023	交易时间		20×2年02月17日
中国工商银行 电子回单 专用章		备注：货款			
记账网点	1260	记账柜员	12	记账日期	20×2年02月17日

重要提示：本回单不作为收款方发货依据，请勿重复记账。　　打印日期：20×2年02月17日

2-4-1：

武汉楚风家具有限公司

付 款 申 请 单

申请人	周林	所属部门	供应部	申请日期	20×2 年 2 月 26 日
费用金额	¥8475.00	付款方式	□现金 □支票 ☑网银 □电汇 其他______		
事 由	材料款				
收款单位	武汉焕新包装材料有限公司		地 址	武汉市楚风路 108 号	
开户银行	湖北银行武汉楚风支行		账 号	62236180286123	
联系人		职 务		电 话	027-84256231
部门领导	郭尚明	公司领导	张开新	备 注	

2-4-2：

中国工商银行 网上银行电子回单

电子回单号码：001213516521

付款人	户 名	武汉楚风家具有限公司	收款人	户 名	武汉焕新包装材料有限公司
	账 号	62230286123618		账 号	62236180286123
	开户银行	中国工商银行武汉楚风支行		开户银行	湖北银行武汉楚风支行
金 额		¥8,475.00	金 额（大写）		捌仟肆佰柒拾伍元整
交易流水号		00043026	交易时间		20×2年02月26日
中国工商银行 电子回单 专用章		备注：货款			
		记账网点 1260	记账柜员 12	记账日期	20×2年02月26日

重要提示：本回单不作为收款方发货依据，请勿重复记账。 打印日期：20×2年02月26日

2-5-1：

武汉楚风家具有限公司

付款申请单

申请人	周林	所属部门	供应部	申请日期	20×2年2月27日
费用金额	¥16950.00	付款方式	□现金　□支票　☑网银　□电汇　其他＿＿＿		
事　由	材料款				
收款单位	武汉七彩油漆有限公司		地　址	武汉市汉南路8号	
开户银行	中国银行武汉汉南支行		账　号	62242102852018	
联系人		职　务		电　话	027-83122213
部门领导	郭尚明	公司领导	张乔新	备　注	

2-5-2：

中国工商银行　网上银行电子回单

电子回单号码：001213565138

付款人	户　名	武汉楚风家具有限公司	收款人	户　名	武汉七彩油漆有限公司
	账　号	62230286123618		账　号	62242102852018
	开户银行	中国工商银行武汉楚风支行		开户银行	中国银行武汉汉南支行
金　额		¥16,950.00	金　额（大写）		壹万陆仟玖佰伍拾元整
交易流水号		00045157	交易时间		20×2年02月27日
中国工商银行 电子回单专用章		备注：货款			
		记账网点　1260	记账柜员　12	记账日期	20×2年02月27日

重要提示：本回单不作为收款方发货依据，请勿重复记账。　　打印日期：20×2年02月27日

2-6-1：

武汉楚风家具有限公司

付 款 申 请 单

申请人	周林	所属部门	供应部	申请日期	20×2年2月28日
费用金额	¥5650.00	付款方式	□现金 □支票 ☑网银 □电汇 其他______		
事 由	材料款				
收款单位	武汉茂源标准件有限公司		地 址	武汉市汉北路10号	
开户银行	汉口银行武汉汉北支行		账 号	612185243702116	
联系人		职 务		电 话	027-82131211
部门领导	郭尚明	公司领导	张开新	备 注	

2-6-2：

中国工商银行 网上银行电子回单

电子回单号码：001253216289

付款人	户 名	武汉楚风家具有限公司	收款人	户 名	武汉茂源标准件有限公司
	账 号	62230286123618		账 号	612185243702116
	开户银行	中国工商银行武汉楚风支行		开户银行	汉口银行武汉汉北支行
金 额		¥5,650.00	金 额（大写）		伍仟陆佰伍拾元整
交易流水号		00048534	交易时间		20×2年02月28日
中国工商银行 电子回单专用章		备注：货款			
		记账网点 1260	记账柜员 12	记账日期	20×2年02月28日

重要提示：本回单不作为收款方发货依据，请勿重复记账。 打印日期：20×2年02月28日

3. 材料领用业务的原始凭证

3-1：

武汉楚风家具有限公司

领　料　单

LL005009

20×2 年 2 月 2 日

领料部门：制作车间　　　　用途：生产桌椅

材料名称	规格型号	单位	请领数量	实发数量	备 注
原木	杉木	m^3	18	18.2	
钢条	2000×30×3	根	400	400	
螺钉	25	盒	150	150	

②财务

领料人：李斌　　　　发货人：张强

3-2：

武汉楚风家具有限公司

领　料　单

LL005010

20×2 年 2 月 2 日

领料部门：油漆车间　　　　用途：生产桌椅

材料名称	规格型号	单位	请领数量	实发数量	备 注
腻子		桶	5	5	
油漆	透明	桶	5	5	
包装绳		卷	240	240	
包装纸		卷	220	220	

②财务

领料人：刘阳　　　　发货人：张强

3-3：

武汉楚风家具有限公司

领 料 单 LL005011

20×2 年 2 月 9 日

领料部门：制作车间 用途：生产桌椅

材料名称	规格型号	单位	请领数量	实发数量	备 注
原木	杉木	m^3	18	18.1	
螺钉	25	盒	150	150	

②财务

领料人：李斌 发货人：张强

3-4：

武汉楚风家具有限公司

领 料 单 LL005012

20×2 年 2 月 9 日

领料部门：油漆车间 用途：生产桌椅

材料名称	规格型号	单位	请领数量	实发数量	备 注
腻子		桶	6	6	
油漆	透明	桶	6	6	

②财务

领料人：刘阳 发货人：张强

3-5：

武汉楚风家具有限公司

领 料 单 LL005013

20×2 年 2 月 15 日

领料部门：制作车间 用途：生产桌椅

材料名称	规格型号	单位	请领数量	实发数量	备 注
原木	杉木	m^3	18	17.8	
钢条	2000×30×3	根	400	400	
螺钉	25	盒	100	100	

②财务

领料人：李斌 发货人：张强

3-6：

武汉楚风家具有限公司

领 料 单 LL005014

20×2 年 2 月 15 日

领料部门：油漆车间 用途：生产桌椅

材料名称	规格型号	单位	请领数量	实发数量	备 注
腻子		桶	5	5	
油漆	透明	桶	5	5	
包装绳		卷	200	200	
包装纸		卷	200	200	

②财务

领料人：刘阳 发货人：张强

3-7：

武汉楚风家具有限公司

领 料 单 LL005015

20×2 年 2 月 26 日

领料部门：制作车间 用途：生产桌椅

材料名称	规格型号	单位	请领数量	实发数量	备 注
原木	杉木	m^3	14	13.9	
钢条	2000×30×3	根	80	80	

②财务

领料人：李斌 发货人：张强

3-8：

武汉楚风家具有限公司

领 料 单 LL005016

20×2 年 2 月 26 日

领料部门：油漆车间 用途：生产桌椅

材料名称	规格型号	单位	请领数量	实发数量	备 注
腻子		桶	4	4	
油漆	透明	桶	4	4	

②财务

领料人：刘阳 发货人：张强

4. 销售产品业务的原始凭证

4-1：

4200120142 **湖北增值税专用发票** № 23455607

此联不作报销、扣税凭证使用

开票日期：20×2 年 02 月 04 日

购买方	名　　称：汉口家具商场有限公司 纳税人识别号：914201033253846581 地址、电话：武汉市长江路 15 号 027-85863566 开户行及账号：农业银行武汉汉兴支行 17535235621621				密码区	7+82+3<9+4*3887*67*/32-4>56 80/52>2++5*8*-3-<32+->37/42 1>4143+50+92-4-6/0+>4>0+8*4 2/47-70<*85-26<-36++94<33/3		
货物或应税劳务、服务名称	规格型号	单位	数量	单价	金额	税率	税额	
桌椅		组	210	1000.00	210000.00	13%	27300.00	
合　计					210000.00		27300.00	
价税合计（大写）	⊗贰拾叁万柒仟叁佰圆整				（小写）￥237300.00			
销售方	名　　称：武汉楚风家具有限公司 纳税人识别号：9142010038MA4U65D1 地址、电话：武汉市楚风路 1 号 027-81886688 开户行及账号：工商银行武汉楚风支行 62230286123618				备注			

收款人：　　复核：　　开票人：王丽　　销售方：（章）

第一联 记账联 销售方记账凭证

4-2：

4200120142 **湖北增值税专用发票** № 23455608

此联不作报销、扣税凭证使用

开票日期：20×2 年 02 月 05 日

购买方	名　　称：汉阳家具商场有限公司 纳税人识别号：914201057483222503 地址、电话：武汉市知音路 18 号 027-84981234 开户行及账号：建设银行武汉知音支行 42859673215512				密码区	7+82+3<9+4*3887*67*/32-4>56 6/0*1>41+50+92-4-43+>4>0+84 5-22/47-70<*86<-36+3/3+94<3 2-47+82+3<9+4*38*67*87/3>56		
货物或应税劳务、服务名称	规格型号	单位	数量	单价	金额	税率	税额	
桌椅		组	150	1000.00	150000.00	13%	19500.00	
合　计					150000.00		19500.00	
价税合计（大写）	⊗壹拾陆万玖仟伍佰圆整				（小写）￥169500.00			
销售方	名　　称：武汉楚风家具有限公司 纳税人识别号：9142010038MA4U65D1 地址、电话：武汉市楚风路 1 号 027-81886688 开户行及账号：工商银行武汉楚风支行 62230286123618				备注			

收款人：　　复核：　　开票人：王丽　　销售方：（章）

第一联 记账联 销售方记账凭证

4-3：

4200120142　　　**湖北增值税专用发票**　　　№ 23455609

此联不作报销、扣税凭证使用

开票日期：20×2 年 02 月 06 日

购买方	名　　称：武昌家具商场有限公司 纳税人识别号：91420106748327150 2 地址、电话：武汉市望江路 136 号 027-87654321 开户行及账号：中国银行武汉望江支行 62859666216216			密码区	1>4143+50+92-4-6/0+>4>0+8*4 2/47-70<85-2-36+7*6+94<33/3 37+82+3<9+4*386<87*/32-4>56 5*82>2+80/5+*-3-<32+->37/42		
货物或应税劳务、服务名称	规格型号	单位	数量	单价	金额	税率	税额
桌椅		组	210	1000.00	210000.00	13%	27300.00
合　计					210000.00		27300.00
价税合计（大写）	⊗贰拾叁万柒仟叁佰圆整				（小写）￥237300.00		
销售方	名　　称：武汉楚风家具有限公司 纳税人识别号：9142010038MA4U65D1 地址、电话：武汉市楚风路 1 号 027-81886688 开户行及账号：工商银行武汉楚风支行 62230286123618			备注			

收款人：　　　复核：　　　开票人：王丽　　　销售方：（章）

第一联 记账联 销售方记账凭证

4-4：

4200120142　　　**湖北增值税专用发票**　　　№ 23455610

此联不作报销、扣税凭证使用

开票日期：20×2 年 02 月 15 日

购买方	名　　称：汉口家具商场有限公司 纳税人识别号：914201033253846581 地址、电话：武汉市长江路 15 号 027-85863566 开户行及账号：农业银行武汉汉兴支行 17535235621621			密码区	2-4431>41+5-0+9+>4>0+8*46/0 3/32/47-70<6*36+5-2+98<-4<3 687*62+3<9+4*387*7+8/32-4>5 2+78+0/5+2>2*-3-<3/4-5*8>32		
货物或应税劳务、服务名称	规格型号	单位	数量	单价	金额	税率	税额
桌椅		组	210	1000.00	210000.00	13%	27300.00
合　计					210000.00		27300.00
价税合计（大写）	⊗贰拾叁万柒仟叁佰圆整				（小写）￥237300.00		
销售方	名　　称：武汉楚风家具有限公司 纳税人识别号：9142010038MA4U65D1 地址、电话：武汉市楚风路 1 号 027-81886688 开户行及账号：工商银行武汉楚风支行 62230286123618			备注			

收款人：　　　复核：　　　开票人：王丽　　　销售方：（章）

第一联 记账联 销售方记账凭证

4-5：

4200120142 **湖北增值税专用发票** № 23455611

此联不作报销、扣税凭证使用

开票日期：20×2 年 02 月 16 日

购买方	名　　称：汉阳家具商场有限公司 纳税人识别号：914201057483222503 地址、电话：武汉市知音路 18 号 027-84981234 开户行及账号：建设银行武汉知音支行 42859673215512	密码区	40+95-21>412-4-9+>4>0+383+5 6<30*42/47-70<*86+6/+94<3/3 87*7+82+3<9+4*382-4>5667*/3 25*82>2+7/4+*-3-<32+80/5->3

货物或应税劳务、服务名称	规格型号	单位	数量	单价	金额	税率	税额
桌椅		组	160	1000.00	160000.00	13%	20800.00
合计					160000.00		20800.00
价税合计（大写）	⊗壹拾捌万零捌佰圆整				（小写）￥180800.00		

销售方	名　　称：武汉楚风家具有限公司 纳税人识别号：9142010038MA4U65D1 地址、电话：武汉市楚风路 1 号 027-81886688 开户行及账号：工商银行武汉楚风支行 62230286123618	备注	

收款人：　　复核：　　开票人：王丽　　销售方：（章）

第一联 记账联 销售方记账凭证

4-6：

4200120142 **湖北增值税专用发票** № 23455612

此联不作报销、扣税凭证使用

开票日期：20×2 年 02 月 17 日

购买方	名　　称：武昌家具商场有限公司 纳税人识别号：914201067483271502 地址、电话：武汉市望江路 136 号 027-87654321 开户行及账号：中国银行武汉望江支行 62859666216216	密码区	4>0+81>4143+50+92-4-+>6/0*4 6<-32/47-70<*85-26+3/3+94<3 7+8+3<9+4*38/32-4>5687*67*6 2>280/5+7/4+*-3-<32+-5*8>32

货物或应税劳务、服务名称	规格型号	单位	数量	单价	金额	税率	税额
桌椅		组	210	1000.00	210000.00	13%	27300.00
合计					210000.00		27300.00
价税合计（大写）	⊗贰拾叁万柒仟叁佰圆整				（小写）￥237300.00		

销售方	名　　称：武汉楚风家具有限公司 纳税人识别号：9142010038MA4U65D1 地址、电话：武汉市楚风路 1 号 027-81886688 开户行及账号：工商银行武汉楚风支行 62230286123618	备注	

收款人：　　复核：　　开票人：王丽　　销售方：（章）

第一联 记账联 销售方记账凭证

5. 收取货款业务的原始凭证

5-1（20×2 年 2 月 2 日取得）：

中国工商银行　网上银行电子回单

电子回单号码：000052635622

付款人	户　名	汉阳家具商场有限公司	收款人	户　名	武汉楚风家具有限公司
	账　号	42859673215512		账　号	62230286123618
	开户银行	中国建设银行武汉知音支行		开户银行	中国工商银行武汉楚风支行
金　额		¥339,000.00	金　额（大写）		叁拾叁万玖仟元整
交易流水号		00332678	交易时间		20×2年01月30日
中国工商银行 电子回单 专用章		备注：货款			
		记账网点 1260	记账柜员 12	记账日期	20×2年01月30日

重要提示：本回单不作为收款方发货依据，请勿重复记账。　　打印日期：20×2年02月02日

5-2（20×2 年 2 月 16 日取得）：

中国工商银行　网上银行电子回单

电子回单号码：000116504256

付款人	户　名	汉口家具商场有限公司	收款人	户　名	武汉楚风家具有限公司
	账　号	17535235621621		账　号	62230286123618
	开户银行	中国农业银行武汉汉兴支行		开户银行	中国工商银行武汉楚风支行
金　额		¥350,000.00	金　额（大写）		叁拾伍万元整
交易流水号		00026824	交易时间		20×2年02月15日
中国工商银行 电子回单 专用章		备注：货款			
		记账网点 1260	记账柜员 12	记账日期	20×2年02月15日

重要提示：本回单不作为收款方发货依据，请勿重复记账。　　打印日期：20×2年02月16日

5-3（**20×2** 年 **2** 月 **27** 日取得）：

中国工商银行　网上银行电子回单

电子回单号码：001213565125

付款人	户　名	武昌家具商场有限公司	收款人	户　名	武汉楚风家具有限公司
	账　号	62859666216216		账　号	62230286123618
	开户银行	中国银行武汉望江支行		开户银行	中国工商银行武汉楚风支行
金　额		¥500,000.00	金　额（大写）		伍拾万元整
交易流水号		00043000	交易时间		20×2年02月26日
中国工商银行 电子回单 专用章		备注：货款			
		记账网点 1260	记账柜员 12	记账日期	20×2年02月26日

重要提示：本回单不作为收款方发货依据，请勿重复记账。　　打印日期：20×2年02月27日

6．一般费用报销业务的原始凭证

6-1-1：

武汉楚风家具有限公司

费 用 报 销 单

20×2 年 2 月 3 日　　附单据 1 张

部　门	事　由	十	万	千	百	十	元	角	分	备　注
行政办公室	购办公用品				1	9	0	0	0	
合计金额（大写）壹佰玖拾元整				¥	1	9	0	0	0	

公司领导：张开新　　部门领导：何久　　报销人：吴汉华

6-1-1-1：

湖北省税务局通用手工发票

发票联

发票代码042011223501

发票号码20436385

付款单位：武汉楚风家具有限公司　　20×2 年 2 月 3 日

项目内容	金额					备注
	百	十	元	角	分	
笔记本	1	9	0	0	0	
合计人民币（大写） 壹 佰 玖 拾 零 元 零 角 零 分	1	9	0	0	0	

第二联 发票联

收款单位名称：　　开票人：李萍

收款单位税号：

（印章：湖北省税务局；武汉新华文化用品商店有限公司 9142010478965433478 发票专用章）

6-1-2：

武汉楚风家具有限公司

笔记本领用登记表

部　门	数量(本)	金额（元）	领取人签名
行政办公室	6	60.00	吴汉华
生产技术部	2	20.00	龚正
财务部	3	30.00	王丽
供应部	2	20.00	周林
销售部	2	20.00	王拓
制作车间	2	20.00	李斌
油漆车间	2	20.00	刘阳
合　计	19	190.00	

制表：吴汉华　　20×2 年 2 月 3 日

6-1-3：

中国工商银行 网上银行电子回单

电子回单号码：000073265237

付款人	户　名	武汉楚风家具有限公司	收款人	户　名	吴汉华
	账　号	62230286123618		账　号	62236385240376
	开户银行	中国工商银行武汉楚风支行		开户银行	中国工商银行武汉楚风支行
金　额		¥190.00	金　额（大写）		壹佰玖拾元整
交易流水号		00008624	交易时间		20×2年02月03日
中国工商银行 电子回单 专用章		备注：报销			
		记账网点 1260	记账柜员 12	记账日期	20×2年02月03日

重要提示：本回单不作为收款方发货依据，请勿重复记账。　　打印日期：20×2年02月03日

6-2-1：

武汉楚风家具有限公司

费 用 报 销 单

20×2 年 2 月 13 日　　　　附单据 1 张

部　门	事　由	十	万	千	百	十	元	角	分	备　注
行政办公室	业务招待费			1	2	8	0	0	0	
合计金额（大写）壹仟贰佰捌拾元整			¥	1	2	8	0	0	0	

公司领导：张开新　　　部门领导：　　　报销人：何久

6-2-1-1：

4200154130 湖北增值税普通发票 № 02029852 4200154130

发票联 02029852

开票日期：20×2 年 02 月 12 日

购买方	名　　称：武汉楚风家具有限公司 纳税人识别号：9142010038MA4U65D1 地址、电话：武汉市楚风路 1 号 027-81886688 开户行及账号：工商银行武汉楚风支行 62230286123618	密码区	16+8/302-4>57-743+2+3<9+2+3 65-5+>6/01>4*8<7*8-4>0+86-4 4<392+53-270<4*9*4/48*/36+7 4+35/5+7*5*8-3-<37/+2->32>2

货物或应税劳务、服务名称	规格型号	单位	数量	单价	金额	税率	税额
餐饮					1207.55	6%	72.45
合　计					1207.55		72.45
价税合计（大写）	⊗壹仟贰佰捌拾圆整				（小写）¥1280.00		

销售方	名　　称：武汉蓝天酒店管理有限公司 纳税人识别号：914201061825170637 地址、电话：武汉市清明路 112 号 027—84680215 开户行及账号：建设银行武汉清明支行 018732681564269	备注	武汉蓝天酒店管理有限公司 914201061825170637 发票专用章

收款人：廖然　　复核：　　开票人：易木　　销售方：（章）

第二联 发票联 购买方记账凭证

6-2-2：

中国工商银行 网上银行电子回单

电子回单号码：000095522316

付款人	户　名	武汉楚风家具有限公司	收款人	户　名	何 久
	账　号	62230286123618		账　号	62236385240358
	开户银行	中国工商银行武汉楚风支行		开户银行	中国工商银行武汉楚风支行
金　额		¥1,280.00	金　额（大写）		壹仟贰佰捌拾元整
交易流水号		00023563	交易时间		20×2年02月13日
中国工商银行 电子回单专用章		备注：报销			
	记账网点	1260	记账柜员	12	记账日期 20×2年02月13日

重要提示：本回单不作为收款方发货依据，请勿重复记账。　　打印日期：20×2年02月13日

6-3-1：

武汉楚风家具有限公司

费用报销单

20×2 年 2 月 27 日　　　　附单据 2 张

部门	事由	金额 十	万	千	百	十	元	角	分	备注
行政办公室	加油费			1	1	9	0	0	0	
合计金额（大写）壹仟壹佰玖拾元整			¥	1	1	9	0	0	0	

公司领导：张丹新　　部门领导：何久　　报销人：安泰

6-3-1-1：

中国石化销售有限公司湖北石油分公司发票

发票联

发票代码 042011261038

发票号码 19107348

客户名称：武汉楚风家具有限公司

开票日期：20×2/02/04　　收银员：03

品名	单价	数量	金额
92#乙醇汽油	5.95	100.00	595.00

金额合计：¥595.00

人民币大写：伍佰玖拾伍元整

收款单位：中石化湖北武汉石油分公司汉阳加油站

加油站编号：33152905

发票号码：19107348

收款机号：999100040077

防伪码：999100040077-19107348

6-3-1-2：

中国石化销售有限公司湖北石油分公司发票

发票联

发票代码 042011261038

发票号码 19202233

客户名称：武汉楚风家具有限公司

开票日期：20×2/02/17 收银员：03

品名	单价	数量	金额
92#乙醇汽油	5.95	100.00	595.00

金额合计：¥595.00

人民币大写：伍佰玖拾伍元整

收款单位：中石化湖北武汉石油分公司汉阳加油站

加油站编号：33152905

发票号码：19202233

收款机号：999100040077

防伪码：999100040077-19202233

6-3-2：

中国工商银行 网上银行电子回单

电子回单号码：001213565351

付款人	户名	武汉楚风家具有限公司	收款人	户名	安泰
	账号	62230286123618		账号	62236385240385
	开户银行	中国工商银行武汉楚风支行		开户银行	中国工商银行武汉楚风支行
金额		¥1,190.00	金额（大写）		壹仟壹佰玖拾元整
交易流水号		04515985	交易时间		20×2年02月27日
中国工商银行 电子回单专用章		备注：报销			
		记账网点 1260	记账柜员 12	记账日期	20×2年02月27日

重要提示：本回单不作为收款方发货依据，请勿重复记账。 打印日期：20×2年02月27日

7. 差旅费报销业务的原始凭证

7-1-1：

武汉楚风家具有限公司

差旅费报销单

20×2 年 2 月 13 日　　　　附单据 3 张

出差人	赵伟	出差地	广州	出差事由	市场调研	同行人员	无						
行程						交通费		出差补助				其他费用	
月	日	起点	月	日	终点	交通工具	金额	人数	天数	标准	金额	项目	金额
2	9	武汉	2	9	广州	高铁	463.50	1	1	50.00	50.00	住宿	1080.00
2	10	广州	2	11	广州			1	2	50.00	100.00		
2	12	广州	2	12	武汉	高铁	463.50	1	1	50.00	50.00		
报销金额（大写）	贰仟贰佰零柒元整									其中增值税		137.67	

公司领导：张开新　　　　部门领导：　　　　报销人：赵伟

7-1-1-1：

4400156141　　　　广东增值税专用发票　　　　№ 00025289

发票联

开票日期：20×2 年 02 月 12 日

购买方	名称：武汉楚风家具有限公司 纳税人识别号：9142010038MA4U65D1 地址、电话：武汉市楚风路 1 号 027-81886688 开户行及账号：工商银行武汉楚风支行 62230286123618				密码区	3+2+3<9+22-4>57-7416+8/30+3 65>6/01>4*86-4-5+<7*8-4>0+8 3-270<4*92+54<3/48*/36+9*47 5*8+7*4+3-3-<37/+2->32>25/5		
货物或应税劳务、服务名称	规格型号	单位	数量	单价	金额	税率	税额	
住宿费		天	3	342.857	1018.87	6%	61.13	
合计					1018.87		61.13	
价税合计（大写）	ⓧ壹仟零捌拾圆整				（小写）¥1080.00			
销售方	名称：广州远大假日酒店有限公司 纳税人识别号：9144010523657681X2 地址、电话：广州市珠江路 212 号 020－86515616 开户行及账号：工商银行广州珠江支行 681564269018732				备注			

收款人：周瑾　　　　复核：　　　　开票人：王娜　　　　销售方：（章）

第三联 发票联 购买方记账凭证

7-1-1-2：

015S310402 检票口 A06

武 汉站 G77 广州南站

Wuhan → Guangzhounan

20×2 年 02 月 09 日 09:00 开 05 车 16B 号

¥463.5 元 网折 二等座

限乘当日当次车

4201021976****2356 赵伟

买票请到 12306 发货请到 95306

中国铁路祝您旅途愉快

21050310151017S310402 武 C 售

7-1-1-3：

015S310403 检票口 A10

广州南站 G74 武 汉站

Guangzhounan → Wuhan

20×2 年 02 月 12 日 09:22 开 07 车 15A 号

¥463.5 元 网折 二等座

限乘当日当次车

4201021976****2356 赵伟

买票请到 12306 发货请到 95306

中国铁路祝您旅途愉快

21050310151017S310403 武 C 售

7-1-2：

中国工商银行 网上银行电子回单

电子回单号码：000095522315

付款人	户 名	武汉楚风家具有限公司	收款人	户 名	赵 伟
	账 号	62230286123618		账 号	62236385240368
	开户银行	中国工商银行武汉楚风支行		开户银行	中国工商银行武汉楚风支行
金 额		¥2,207.00	金 额（大写）		贰仟贰佰零柒元整
交易流水号		00023536	交易时间		20×2年02月13日
中国工商银行 电子回单 专用章		备注：差旅费			
		记账网点 1260	记账柜员 12		记账日期 20×2年02月13日

重要提示：本回单不作为收款方发货依据，请勿重复记账。 打印日期：20×2年02月13日

8. 职工薪酬支付业务事项的原始凭证

8-1-1：

武汉楚风家具有限公司

20×2 年 01 月工资汇总表

单位：元

项　目	应发金额	扣养老保险	扣医疗保险	扣失业保险	扣住房公积金	实发金额
合　计	364 500. 00	29 160. 00	7 290. 00	3 645. 00	36 450. 00	287 955. 00

制表：　　　　　　　　　　　　　　　　　　　20×2 年 2 月 5 日

8-1-2（20×2 年 2 月 6 日取得）：

中国工商银行
Industrial and Commercial Bank of China

电 子 转 账 凭 证

币别：人民币　　　　20×2 02 05　　　　流水号：20×202050785

付款人	全　称	武汉楚风家具有限公司	收款人	全　称	武汉楚风家具有限公司/个人
	账　号	62230286123618		账　号	
	开户行	中国工商银行武汉楚风支行		开户行	中国工商银行武汉楚风支行
金额	(大写)贰拾捌万柒仟玖佰伍拾伍元整			RMB287955.00	
用途	职工 20×2 年 1 月份工资		中国工商银行武汉楚风支行 20×2.02.05 转讫 K00000000002 银行盖章		
备注：					

第一联 客户回单

9. 职工福利费业务事项的记账凭证

9-1-1：

4200154130 湖北增值税普通发票 № 00525298 4200154130

发票联

00525298

开票日期：20×2年02月26日

购买方	名 称：武汉楚风家具有限公司 纳税人识别号：9142010038MA4U65D1 地址、电话：武汉市楚风路1号 027-81886688 开户行及账号：工商银行武汉楚风支行 62230286123618	密码区	3<9+254+35*8+2-4>57-743+2+1 7*866-4-5+>6/01>4-4>0+834<3 96+8/30+3-28*2+5/3*8<6+9*47 7/2>270<4*5/5/47*-3-<3+2->3

货物或应税劳务、服务名称	规格型号	单位	数量	单价	金额	税率	税额
盒饭					15056.60	6%	903.40
合 计					15056.60		903.40
价税合计（大写）	⊗壹万伍仟玖佰陆拾圆整				（小写）¥15960.00		

销售方	名 称：武汉便民餐饮有限公司 纳税人识别号：914201051828650697 地址、电话：武汉市人和路125号 027—84021568 开户行及账号：建设银行武汉人和支行 12387681526478	备注	（印章：武汉便民餐饮有限公司 914201051828650697 发票专用章）

收款人：金莹 复核： 开票人：程萍 销售方：（章）

第二联 发票联 购买方记账凭证

9-1-2：

武汉楚风家具有限公司

付款申请单

申请人	吴汉华	所属部门	行政办公室	申请日期	20×2年2月26日
费用金额	¥15960.00	付款方式	□现金 □支票 ☑网银 □电汇 其他________		
事 由	中餐费				
收款单位	武汉便民餐饮有限公司		地 址	武汉市人和路125号	
开户银行	建设银行武汉人和支行		账 号	12387681526478	
联系人		职 务		电 话	027—84021568
部门领导	何文	公司领导	张开新	备 注	

9-1-3：

中国工商银行 网上银行电子回单

电子回单号码：001213516595

付款人	户　名	武汉楚风家具有限公司	收款人	户　名	武汉便民餐饮有限公司
	账　号	62230286123618		账　号	12387681526478
	开户银行	中国工商银行武汉楚风支行		开户银行	中国建设银行武汉人和支行
金　额		¥15,960.00	金　额（大写）		壹万伍仟玖佰陆拾元整
交易流水号		00043038	交易时间		20×2年02月26日
中国工商银行 电子回单专用章		备注：餐费			
		记账网点 1260	记账柜员 12	记账日期	20×2年02月26日

重要提示：本回单不作为收款方发货依据，请勿重复记账。　　打印日期：20×2年02月26日

9-2：

武汉楚风家具有限公司

职工中餐费分配表

20×2 年 2 月

部　　门	人员类别	人次	职工福利费(元)
行政部门	行政管理人员	288	2 880.00
销售部	产品销售人员	28	280.00
制作车间	车间管理人员	32	320.00
	生产工人	992	9 920.00
油漆车间	车间管理人员	32	320.00
	生产工人	224	2 240.00
合　　计		1 596	15 960.00

制表：吴汉华　　　　20×2 年 2 月 26 日

10. 其他职工薪酬的原始凭证

10-1-1（20×2 年 2 月 13 日取得）：

中国工商银行 Industrial and Commercial Bank of China

电 子 转 账 凭 证

币别：人民币　　20×2 02 12　　流水号：20×202120245

付款人	全　称	武汉楚风家具有限公司	收款人	全　称	武汉市工会
	账　号	62230286123618		账　号	268187356426901
	开户行	中国工商银行武汉楚风支行		开户行	中国农业银行武汉中山支行
金额	(大写)柒仟贰佰玖拾元整				RMB7290.00
用途	上解上月工会经费				
备注：			中国工商银行武汉楚风支行 20×2.02.12 转讫 K00000000002 银行盖章		

第一联 客户回单

10-1-2（20×2 年 2 月 13 日取得）：

中国工商银行 Industrial and Commercial Bank of China

电 子 转 账 凭 证

币别：人民币　　20×2 02 12　　流水号：20×202120246

付款人	全　称	武汉楚风家具有限公司	收款人	全　称	武汉市住房公积金管理中心
	账　号	62230286123618		账　号	690187422681356
	开户行	中国工商银行武汉楚风支行		开户行	汉口银行武汉江南支行
金额	(大写)柒万贰仟玖佰元整				RMB72900.00
用途	缴纳上月职工住房公积金				
备注：			中国工商银行武汉楚风支行 20×2.02.12 转讫 K00000000002 银行盖章		

第一联 客户回单

10-2（20×2 年 2 月 9 日取得）：

中国工商银行电子缴税付款凭证

转账日期：20×2 年 02 月 06 日　　凭证字号：20×202063294482
纳税人全称：武汉楚风家具有限公司　　纳税人识别号：9142010038MA4U65D1
付款人全称：武汉楚风家具有限公司　　征收机关：武汉市汉阳区税务局
付款人开户银行：中国工商银行武汉楚风支行　　收款国库：武汉市金库 867018
付款人账号：62230286123618　　缴款书交易流水号：20×202062404325
大写（合计）金额：壹拾伍万陆仟零陆元整　　税票号码：YHDYH0000001379405
小写（合计）金额：￥156006.00

税（费）种名称	所属期间	实缴金额
基本养老保险金	20×20201-20×20228	102060.00
基本医疗保险金	20×20201-20×20228	36450.00
失业保险金	20×20201-20×20228	10935.00
工伤保险金	20×20201-20×20228	3645.00
生育保险金	20×20201-20×20228	2916.00

（印章：中国工商银行武汉楚风支行 20×2.02.06 转讫）

第 1 次打印　　打印日期：20×20206

11. 公用事业费支付业务的原始凭证

11-1-1：

武汉楚风家具有限公司

付 款 申 请 单

申请人	吴汉华	所属部门	行政办公室	申请日期	20×2 年 2 月 26 日
费用金额	¥224.00	付款方式	□现金 □支票 ☑网银 □电汇 其他______		
事 由	水费				
收款单位	武汉自来水有限公司		地 址	武汉市风华路 8 号	
开户银行	建设银行武汉风华支行		账 号	256894015628932	
联系人		职 务		电 话	027－33331111
部门领导	何文	公司领导	张开新	备 注	

11-1-2：

中国工商银行 网上银行电子回单

电子回单号码：001213516605

付款人	户 名	武汉楚风家具有限公司	收款人	户 名	武汉自来水有限公司
	账 号	62230286123618		账 号	256894015628932
	开户银行	中国工商银行武汉楚风支行		开户银行	中国建设银行武汉风华支行
金 额		¥224.00	金 额（大写）		贰佰贰拾肆元整
交易流水号		00043085	交易时间		20×2年02月26日
中国工商银行 电子回单 专用章		备注：水费			
		记账网点 1260	记账柜员 12	记账日期	20×2年02月26日

重要提示：本回单不作为收款方发货依据，请勿重复记账。 打印日期：20×2年02月26日

11-1-3：

湖北增值税专用发票

4200123140 发票联 № 33574015

开票日期：20×2年02月26日

购买方	名 称：武汉楚风家具有限公司 纳税人识别号：9142010038MA4U65D1 地址、电话：武汉市楚风路1号 027-81886688 开户行及账号：工商银行武汉楚风支行 62230286123618			密码区	943+50+41>3-4-2/3+>4>0+*7+8 86/87*7-70<5*86<4-1-2+07+94 5*82+3<9+004*86*/3266<3->33 80/52>2+-4>5+/4*-7/3-<32+42		
货物或应税劳务、服务名称	规格型号	单位	数量	单价	金额	税率	税额
自来水		吨	112	1.8349	205.50	9%	18.49
合 计					205.51		18.49
价税合计（大写）	⊗贰佰贰拾肆圆整				（小写）¥224.00		
销售方	名 称：武汉自来水有限公司 纳税人识别号：914201032648563981 地址、电话：武汉市风华路8号 027－33331111 开户行及账号：建设银行武汉风华支行 256894015628932			备注	武汉自来水有限公司 914201032648563981 发票专用章		

收款人： 复核： 开票人： 万欣 销售方：（章）

第三联 发票联 购买方记账凭证

11-2-1：

武汉楚风家具有限公司

付款申请单

申请人	吴汉华	所属部门	行政办公室	申请日期	20×2年2月26日
费用金额	¥19311.14	付款方式	□现金　□支票　☑网银　□电汇　其他________		
事　由	电费				
收款单位	武汉供电有限公司		地　址	武汉市长虹路12号	
开户银行	汉口银行武汉长虹支行		账　号	156289322568940	
联系人		职　务		电　话	027—52116616
部门领导	何文	公司领导	张开新	备　注	

11-2-2：

中国工商银行　网上银行电子回单

电子回单号码：001213516612

付款人	户　名	武汉楚风家具有限公司	收款人	户　名	武汉供电有限公司
	账　号	62230286123618		账　号	156289322568940
	开户银行	中国工商银行武汉楚风支行		开户银行	汉口银行武汉长虹支行
金　额		¥19,311.14	金　额（大写）		壹万玖仟叁佰壹拾壹元壹角肆分
交易流水号		00043286	交易时间		20×2年02月26日
中国工商银行 电子回单 专用章		备注：电费			
		记账网点 1260	记账柜员 12	记账日期	20×2年02月26日

重要提示：本回单不作为收款方发货依据，请勿重复记账。　　打印日期：20×2年02月26日

11-2-3：

4200123141　　**湖北增值税专用发票**　　№ 45205136

发　票　联

开票日期：20×2 年 02 月 26 日

购买方	名　　称：武汉楚风家具有限公司 纳税人识别号：9142010038MA4U65D1 地址、电话：武汉市楚风路 1 号 027-81886688 开户行及账号：工商银行武汉楚风支行 62230286123618	密码区	3+516+7+82++4*3-862-4>57*/3 3<99-41>3140+92-41-2+1>4+94 6<-36+5+94<3/32-4>563-456<3 2>2+6+80/5*23*-3-<37/6>3+79

货物或应税劳务、服务名称	规格型号	单位	数量	单价	金额	税率	税额
电力		千瓦时	22786	0.75	17089.50	13%	2221.64
合　计					17089.50		2221.64
价税合计（大写）	⊗壹万玖仟叁佰壹拾壹圆壹角肆分				（小写）¥19311.14		

销售方	名　　称：武汉供电有限公司 纳税人识别号：914201031569565682 地址、电话：武汉市长虹路 12 号 027－52116616 开户行及账号：汉口银行武汉长虹支行 156289322568940	备注	（印章：武汉供电有限公司 914201031569565682 发票专用章）

收款人：　　复核：　　开票人：张珊　　销售方：（章）

第三联　发票联　购买方记账凭证

11-2-4：

武汉楚风家具有限公司

电 费 分 配 表

20×2 年 2 月

部　　门	用电量(千瓦时)	电费(元)
行政部门	3 418	2 563.50
销售部	684	513.00
制作车间	12 532	9 399.00
油漆车间	6 152	4 614.00
合　　计	22 786	17 089.50

制表：吴汉华　　20×2 年 2 月 26 日

11-3-1：

武汉楚风家具有限公司

付 款 申 请 单

申请人	吴汉华	所属部门	行政办公室	申请日期	20×2年2月26日
费用金额	¥2710.60	付款方式	□现金 □支票 ☑网银 □电汇 其他________		
事 由	电信费				
收款单位	中国电信武汉分公司		地 址	武汉市民主路471号	
开户银行	工商银行武汉民主支行		账 号	893225401566892	
联系人		职 务		电 话	027—88841537
部门领导	何久	公司领导	张齐新	备 注	

11-3-2：

中国工商银行 网上银行电子回单

电子回单号码：001213516620

付款人	户 名	武汉楚风家具有限公司	收款人	户 名	中国电信股份有限公司武汉分公司
	账 号	62230286123618		账 号	893225401566892
	开户银行	中国工商银行武汉楚风支行		开户银行	中国工商银行武汉民主支行
金 额		¥2,710.60	金 额（大写）		贰仟柒佰壹拾元陆角整
交易流水号		00043297	交易时间		20×2年02月26日
中国工商银行 电子回单 专用章		备注：电信费			
		记账网点 1260	记账柜员 12	记账日期	20×2年02月26日

重要提示：本回单不作为收款方发货依据，请勿重复记账。　　打印日期：20×2年02月26日

11-3-3：

4200126141　　**湖北增值税专用发票**　　№ 20560145

发票联

开票日期：20×2 年 02 月 26 日

购买方		密码区	
名　　称：	武汉楚风家具有限公司		92/87*40+6/0-4-+>4>0+8*41-2
纳税人识别号：	9142010038MA4U65D1		3+57-70<*856<-67+6<3+94->33
地址、电话：	武汉市楚风路 1 号 027-81886688		32+373<9+34*80/5/48*/32-4>6
开户行及账号：	工商银行武汉楚风支行 62230286123618		2>2+1>4+*5+8-3-<35*827/42+7

货物或应税劳务、服务名称	规格型号	单位	数量	单价	金额	税率	税额
基础电信服务					2340.00	9%	210.60
合　计					2340.00		210.60
价税合计（大写）	⊗贰仟伍佰伍拾圆陆角				（小写）¥2550.60		

销售方		备注
名　　称：	中国电信股份有限公司武汉分公司	
纳税人识别号：	914201062195648934	
地址、电话：	武汉市民主路 471 号 027－88841537	
开户行及账号：	工商银行武汉民主支行 893225401566892	

收款人：　　复核：　　开票人：林梅　　销售方：（章）

第三联 发票联 购买方记账凭证

11-3-4：

4200126141　　**湖北增值税专用发票**　　№ 20560146

发票联

开票日期：20×2 年 02 月 26 日

购买方		密码区	
名　　称：	武汉楚风家具有限公司		6<41-250+9*8-5*8+>4>0+6/0*4
纳税人识别号：	9142010038MA4U65D1		54+347-70<6*86<32/31>4-49+3
地址、电话：	武汉市楚风路 1 号 027-81886688		2-84+3<9+64*3+2*274>57+87/3
开户行及账号：	工商银行武汉楚风支行 62230286123618		8-37/2>2+6*8-<32+7+6-80/5>3

货物或应税劳务、服务名称	规格型号	单位	数量	单价	金额	税率	税额
增值电信服务					150.94	6%	9.06
合　计					150.94		9.06
价税合计（大写）	⊗壹佰陆拾圆整				（小写）¥160.00		

销售方		备注
名　　称：	中国电信股份有限公司武汉分公司	
纳税人识别号：	914201062195648934	
地址、电话：	武汉市民主路 471 号 027－88841537	
开户行及账号：	工商银行武汉民主支行 893225401566892	

收款人：　　复核：　　开票人：林梅　　销售方：（章）

第三联 发票联 购买方记账凭证

11-3-5：

武汉楚风家具有限公司

电 信 费 分 配 表

20×2 年 2 月　　　　单位：元

部　　门	电话费	网　费	合　计
行政部门	1 404.00	150.94	1 554.94
销售部	702.00		702.00
制作车间	117.50		117.50
油漆车间	116.50		116.50
合　　计	2 340.00	150.94	2 490.94

制表：吴汉华　　　　20×2 年 2 月 26 日

12. 其他业务事项的原始凭证

12-1（20×2 年 2 月 15 日取得）：

中国工商银行电子缴税付款凭证

转账日期：20×2 年 02 月 13 日　　凭证字号：20×20213048554
纳税人全称：武汉楚风家具有限公司　　纳税人识别号：9142010038MA4U65D1
付款人全称：武汉楚风家具有限公司　　征收机关：武汉市汉阳区税务局
付款人开户银行：中国工商银行武汉楚风支行　　收款国库：武汉市金库 867018
付款人账号：62230286123618　　缴款书交易流水号：20×2021305234361
大写（合计）金额：壹拾肆万贰仟零叁拾元柒角陆分　　税票号码：420005036311326226
小写（合计）金额：￥142030.76

税（费）种名称	所属期间	实缴金额
增值税	20×20101-20×20131	126813.18
城市维护建设税	20×20101-20×20131	8876.92
教育费附加	20×20101-20×20131	3804.40
地方教育附加	20×20101-20×20131	2536.26

（印章：中国工商银行武汉楚风支行 20×2.02.13 转讫）

第 1 次打印　　　　打印日期：20×20213

12-2：

武汉楚风家具有限公司

固定资产折旧计提表

20×2 年 2 月

使用部门	类 别	资产原值	折旧年限(年)	月折旧额(元)
行政管理部门	房屋建筑物	2 848 000.00	20	11 392.00
	机器设备	40 000.00	10	320.00
	运输工具	100 000.00	8	878.91
	工具家具	109 100.00	5	1 745.60
	电子设备	14 400.00	3	192.00
	小 计	3 111 500.00	—	14 528.51
销售部	工具家具	9 700.00	5	155.20
	电子设备	3 600.00	3	48.00
	小 计	13 300.00	—	203.20
制作车间	房屋建筑物	1 800 000.00	20	7 200.00
	机器设备	1 140 000.00	10	9 120.00
	小 计	2 940 000.00	—	16 320.00
油漆车间	房屋建筑物	1 200 000.00	20	4 800.00
	机器设备	180 000.00	10	1 440.00
	小 计	1 380 000.00	—	6 240.00
合 计		7 444 800.00	—	37 291.71

制表： 20×2 年 2 月 28 日

12-3：

武汉楚风家具有限公司

无形资产摊销计算表

20×2 年 2 月

资产名称	原始价值（元）	摊销年限（年）	月摊销额（元）
土地使用权	6 000 000.00	50	10 000.00

制表： 20×2 年 2 月 28 日

13. 月末业务事项的原始凭证

13-1：

武汉楚风家具有限公司

工　资　分　配　表

20×2 年 2 月

部　　门	人员类别	应付工资(元)
行政部门	管理人员	73 600.00
销售部	销售人员	8 300.00
制作车间	管理人员	8 300.00
	生产工人	217 000.00
油漆车间	管理人员	8 300.00
	生产工人	49 000.00
合　　计		364 500.00

制表：　　　　　　　　　　20×2 年 2 月 28 日

13-2：

武汉楚风家具有限公司

工会经费计提表

20×2 年 2 月　　　　单位：元

部　　门	人员类别	工资总额	工会经费
行政部门	管理人员	73 600.00	1 472.00
销售部	销售人员	8 300.00	166.00
制作车间	管理人员	8 300.00	166.00
	生产工人	217 000.00	4 340.00
油漆车间	管理人员	8 300.00	166.00
	生产工人	49 000.00	980.00
合　　计		364 500.00	7 290.00

制表：　　　　　　　　　　20×2 年 2 月 28 日

13-3：

武汉楚风家具有限公司

职工“五险一金”计提表

20×2 年 2 月　　　　单位：元

部　门	人员类别	工资总额	养老保险	医疗保险	失业保险	工伤保险	生育保险	住房公积金	合　计
行政部门	管理人员	73 600.00	14 720.00	5 888.00	1 472.00	736.00	588.80	7 360.00	30 764.80
销售部	销售人员	8 300.00	1 660.00	664.00	166.00	83.00	66.40	830.00	3 469.40
制作车间	管理人员	8 300.00	1 660.00	664.00	166.00	83.00	66.40	830.00	3 469.40
	生产工人	217 000.00	43 400.00	17 360.00	4 340.00	2 170.00	1 736.00	21 700.00	90 706.00
油漆车间	管理人员	8 300.00	1 660.00	664.00	166.00	83.00	66.40	830.00	3 469.40
	生产工人	49 000.00	9 800.00	3 920.00	980.00	490.00	392.00	4 900.00	20 482.00
合　计		364 500.00	72 900.00	29 160.00	7 290.00	3 645.00	2 916.00	36 450.00	152 361.00

制表：　　　　20×2 年 2 月 28 日

13-4：

武汉楚风家具有限公司

制造费用分配表

20×2 年 2 月

车　间	制造费用额(元)	分配对象	分配比例(%)	分配金额(元)
制作车间		桌椅	100	
油漆车间		桌椅	100	

制表：　　　　20×2 年 2 月 28 日

13-5-1：

武汉楚风家具有限公司

产 品 入 库 单

CPRK010005

20×2 年 2 月 6 日

生产车间：油漆车间

产品名称	规格型号	单位	交库数量	实收数量	备 注
桌椅		组	250	250	

②财务

交库人：刘阳　　收货人：张强

13-5-2：

武汉楚风家具有限公司

产 品 入 库 单

CPRK010006

20×2 年 2 月 13 日

生产车间：油漆车间

产品名称	规格型号	单位	交库数量	实收数量	备 注
桌椅		组	250	250	

②财务

交库人：刘阳　　收货人：张强

13-5-3：

武汉楚风家具有限公司

产品入库单 CPRK010007

20×2 年 2 月 17 日

生产车间：油漆车间

产品名称	规格型号	单位	交库数量	实收数量	备 注
桌椅		组	150	150	

②财务

交库人：刘阳　　收货人：张强

13-5-4：

武汉楚风家具有限公司

产品入库单 CPRK010008

20×2 年 2 月 28 日

生产车间：油漆车间

产品名称	规格型号	单位	交库数量	实收数量	备 注
桌椅		组	150	150	

②财务

交库人：刘阳　　收货人：张强

13-5-5：

武汉楚风家具有限公司

产品生产情况报告单

20×2 年 2 月

车间：制作车间

产品名称	规格型号	单位	本月投产数量	本月完工数量	月末在产品数量	备 注
桌椅		组	800	800	0	转油漆车间

填表：李斌　　20×2 年 2 月 28 日

13-5-6：

武汉楚风家具有限公司

产品生产情况报告单

20×2 年 2 月

车间：油漆车间

产品名称	规格型号	单位	本月投产数量	本月完工数量	月末在产品数量	备　注
桌椅		组	800	800	0	交成品仓库

填表：刘阳　　　　20×2 年 2 月 28 日

13-5-7：

武汉楚风家具有限公司

完工产品成本计算表

20×2 年 2 月

完工产品总成本(元)	完工产品数量(组)	完工产品单位成本(元/组)

制表：　　　　20×2 年 2 月 28 日

13-6-1：

武汉楚风家具有限公司

产 品 出 库 单

CPCK002007

20×2 年 2 月 4 日

发往单位：汉口家具商场

产品名称	规格型号	单位	提货数量	实发数量	备 注
桌椅		组	210	210	

②财务

提货人：王拓　　　　发货人：张强

13-6-2：

武汉楚风家具有限公司

产品出库单 CPCK002008

20×2 年 2 月 5 日

发往单位：汉阳家具商场

产品名称	规格型号	单位	提货数量	实发数量	备 注
桌椅		组	160	160	

②财务

提货人：王拓 发货人：张强

13-6-3：

武汉楚风家具有限公司

产品出库单 CPCK002009

20×2 年 2 月 6 日

发往单位：武昌家具商场

产品名称	规格型号	单位	提货数量	实发数量	备 注
桌椅		组	210	210	

②财务

提货人：王拓 发货人：张强

13-6-4：

武汉楚风家具有限公司

产品出库单 CPCK002010

20×2 年 2 月 15 日

发往单位：汉口家具商场

产品名称	规格型号	单位	提货数量	实发数量	备 注
桌椅		组	210	210	

②财务

提货人：王拓 发货人：张强

13-6-5：

武汉楚风家具有限公司

产 品 出 库 单

CPCK002011

20×2 年 2 月 16 日

发往单位：汉阳家具商场

产品名称	规格型号	单位	提货数量	实发数量	备 注
桌椅		组	150	150	

②财务

提货人：王拓　　　　发货人：张强

13-6-6：

武汉楚风家具有限公司

产 品 出 库 单

CPCK002012

20×2 年 2 月 17 日

发往单位：武昌家具商场

产品名称	规格型号	单位	提货数量	实发数量	备 注
桌椅		组	210	210	

②财务

提货人：王拓　　　　发货人：张强

13-6-7：

武汉楚风家具有限公司

产品销售成本计算表

20×2 年 2 月

月初结存产品总成本（元）	本月入库产品总成本（元）	月初结存产品数量（组）	本月入库产品数量（组）	产品平均单位成本（元/组）	本月销售产品数量（组）	本月销售产品成本（元）

制表：　　　　20×2 年 2 月 28 日

13-7：

武汉楚风家具有限公司

附加税（费）计提表

20×2 年 2 月

税费名称	计税(费)依据	计税(费)金额	税(费)率(%)	税(费)额(元)
城市维护建设税	增值税额			
教育费附加	增值税额			
地方教育附加	增值税额			
合　　计		—	—	

制表：　　　　　　　　　　　　　　　　20×2 年 2 月 28 日

13-8：

（结转本月损益）

（二）日记账记录

下面是出纳提供的银行存款日记账 20×2 年 2 月份记录。

1：

第2号

银行存款日记账

开户行 工商银行武汉楚风支行

账　号 62230286123618

20×2年 月	日	凭证 字	号	票据 字	号	摘要	√	借方（千百十万千百十元角分）	贷方（千百十万千百十元角分）	余额（千百十万千百十元角分）
						承前页		153900000	809463776	348591573
1	26	记	33			付水费	√		24000	
	26	记	34			付电费	√		2271978	
	26	记	35			付电信费	√		272368	346023227
	27	记	36			付职工中餐费	√		2031000	343992227
	28	记	39			付货款	√		847500	343144727
	29	记	40			安泰报销加油费	√		130900	343013827
	30	记	41			付货款	√		565000	342448827
						本月合计		153900000	870891222	342448827
2	2	记	4			收货款	√	33900000		376348827
	3	记	5			吴汉华购办公用品	√		19000	376329827
	6	记	8			发放上月工资	√		28795500	
	6	记	11			付货款	√		3936920	343597407
	9	记	14			缴纳职工社会保险	√		15600600	327996807
	10	记	16			付货款	√		1356000	326640807
						过次页		33900000	49708020	326640807

2：

第3号

银行存款日记账

开户行 工商银行武汉楚风支行
账 号 62230286123618

20×2年 月	日	凭证 字	凭证 号	票据 字	票据 号	摘要	√	借方（千百十万千百十元角分）	贷方（千百十万千百十元角分）	余额（千百十万千百十元角分）
						承前页		33900000	49708020	326640807
2	13	记	17			缴纳工会经费、住房公积金	√		8019000	
	13	记	18			赵伟报销差旅费	√		220700	
	13	记	19			何久报销招待费	√		128000	318273107
	15	记	20			缴纳税费	√		14203076	304070031
	16	记	24			收货款	√	35000000		339070031
	17	记	27			付货款	√		4127664	334942367
	26	记	31			付水费	√		22400	
	26	记	32			付电费	√		1931114	
	26	记	33			付电信费	√		271060	
	26	记	34			付职工中餐费	√		1596000	
	26	记	37			付货款	√		847500	330274293
	27	记	38			收货款	√	50000000		
	27	记	40			付货款	√		1695000	
	27	记	41			安泰报销加油费	√		119000	378460293
						过次页		118900000	82888534	378460293

3：

第4号

银行存款日记账

开户行 工商银行武汉楚风支行
账 号 62230286123618

20×2年 月	日	凭证 字	凭证 号	票据 字	票据 号	摘要	√	借方（千百十万千百十元角分）	贷方（千百十万千百十元角分）	余额（千百十万千百十元角分）
						承前页		118900000	82888534	378460293
2	28	记	42			付货款	√		565000	377895293
						本月合计		118900000	83453534	377895293
						过次页				

三、20×2 年 12 月的凭证资料

（一）原始凭证

1. 1 日取得的原始凭证

1-1：

中国工商银行 网上银行电子回单

电子回单号码：010500504132

付款人	户　名	汉阳家具商场有限公司	收款人	户　名	武汉楚风家具有限公司
	账　号	42859673215512		账　号	62230286123618
	开户银行	中国建设银行武汉知音支行		开户银行	中国工商银行武汉楚风支行
金　额		¥350,300.00	金　额（大写）		叁拾伍万零叁佰元整
交易流水号		00051367	交易时间		20×2年11月30日
中国工商银行 电子回单 专用章		备注：货款			
	记账网点	1260	记账柜员	12	记账日期 20×2年11月30日

重要提示：本回单不作为收款方发货依据，请勿重复记账。　　打印日期：20×2年12月01日

1-2：

武汉楚风家具有限公司

领　料　单　　LL005091

20×2 年 12 月 1 日

领料部门：制作车间　　用途：生产桌椅

材料名称	规格型号	单位	请领数量	实发数量	备 注
原木	杉木	m^3	20	19.8	
钢条	2000×30×3	根	400	400	
螺钉	25	盒	140	140	

②财务

领料人：李斌　　发货人：张强

1-3：

武汉楚风家具有限公司

领　料　单

LL005092

20×2 年 12 月 1 日

领料部门：油漆车间　　　　用途：生产桌椅

材料名称	规格型号	单位	请领数量	实发数量	备 注
腻子		桶	6	6	
油漆	透明	桶	6	6	
包装绳		卷	130	130	
包装纸		卷	120	120	

②财务

领料人：刘阳　　　　发货人：张强

2.2 日取得的原始凭证

2-1-1：

4200014120　　**湖北增值税专用发票**　　№ 65320135

发 票 联

开票日期：20×2 年 12 月 02 日

购买方	名　　称：武汉楚风家具有限公司 纳税人识别号：9142010038MA4U65D1 地址、电话：武汉市楚风路 1 号 027-81886688 开户行及账号：工商银行武汉楚风支行 62230286123618	密码区：3/32>2+587*673143++86/0*4-5 5-22/47-70<86+6+94<36<-31>4 2+352-4-6+2-4>7+8<9+4*368>5 80/5*8+7*3-9<32+42>37/40+94

货物或应税劳务、服务名称	规格型号	单位	数 量	单 价	金 额	税率	税 额
螺钉	25	盒	500	10.00	5000.00	13%	650.00
合　计					5000.00		650.00
价税合计（大写）	⊗伍仟陆佰伍拾圆整				（小写）￥5650.00		

销售方	名　　称：武汉茂源标准件有限公司 纳税人识别号：914201021285645668 地址、电话：武汉市汉北路 10 号 027-82131211 开户行及账号：汉口银行武汉汉北支行 612185243702116	备注：武汉茂源标准件有限公司 914201021285645668 发票专用章

第三联 发票联 购买方记账凭证

收款人：　　复核：　　开票人：王芳　　销售方：（章）

2-2-2：

武汉楚风家具有限公司

材 料 入 库 单

CLRK005071

20×2 年 12 月 2 日

材料来源：武汉茂源标准件有限公司

材料名称	规格型号	单位	交库数量	实收数量	备 注
螺钉	25	盒	500	500	

②财务

交库人：周林　　　　收货人：张强

3.3 日取得的原始凭证

3-1：

4200120142

湖北增值税专用发票

№ 68522501

此联不作报销、扣税凭证使用

开票日期：20×2 年 12 月 03 日

购买方		密码区
名　　称：	汉口家具商场有限公司	7*/37+82+3<9+4*3887*62-4>56
纳税人识别号：	914201033253846581	82>2++5*8*7/42-3-<32+0/5->3
地址、电话：	武汉市长江路 15 号 027-85863566	9+81>4143+52-4-6/0+>4>30+74
开户行及账号：	农业银行武汉汉兴支行 17535235621621	6++97-70<*85-26<-34<33/32/4

货物或应税劳务、服务名称	规格型号	单位	数 量	单 价	金 额	税率	税 额
桌椅		组	220	1000.00	220000.00	13%	28600.00
合 计					220000.00		28600.00
价税合计（大写）	⊗贰拾肆万捌仟陆佰圆整				（小写）￥248600.00		

销售方		备注
名　　称：	武汉楚风家具有限公司	
纳税人识别号：	9142010038MA4U65D1	
地址、电话：	武汉市楚风路 1 号 027-81886688	
开户行及账号：	工商银行武汉楚风支行 62230286123618	

收款人：　　复核：　　开票人：王丽　　销售方：（章）

第一联 记账联 销售方记账凭证

4.4 日取得的原始凭证

4-1-1：

武汉楚风家具有限公司

费 用 报 销 单

20×2 年 12 月 4 日 附单据 1 张

部门	事由	金额 十	万	千	百	十	元	角	分	备注
行政办公室	购办公用品				8	0	0	0	0	
合计金额（大写）捌佰元整				¥	8	0	0	0	0	

公司领导：张升新 部门领导：何久 报销人：吴汉华

4-1-1-1：

湖北省税务局通用手工发票

发票联

发票代码042011223501

发票号码85304362

付款单位：武汉楚风家具有限公司 20×2 年 12 月 4 日

项目内容		金额 百	十	元	角	分	备注
打印纸		3	0	0	0	0	
墨盒		5	0	0	0	0	
合计人民币（大写）	捌佰零拾零元零角零分	8	0	0	0	0	

第二联 发票联

武汉新华文化用品商店有限公司 914201047896542347 2 发票专用章

收款单位名称： 开票人：李萍

收款单位税号：

4-1-2：

武汉楚风家具有限公司

办公用品领用登记表

部　　门	墨盒（个）	打印纸（包）	金额（元）	领取人签名
行政办公室	1	6	220.00	吴汉华
生产技术部	1	2	140.00	龚正
财务部	1	3	160.00	王丽
供应部	1	2	140.00	周林
销售部	1	2	140.00	王拓
合　计	5	15	800.00	

制表：吴汉华　　　　20×2 年 12 月 4 日

4-1-3：

中国工商银行　网上银行电子回单

电子回单号码：010500514126

付款人	户　名	武汉楚风家具有限公司	收款人	户　名	吴汉华
	账　号	62230286123618		账　号	62236385240376
	开户银行	中国工商银行武汉楚风支行		开户银行	中国工商银行武汉楚风支行
金　额		¥800.00	金　额（大写）		捌佰元整
交易流水号		00007569	交易时间		20×2年12月04日
中国工商银行 电子回单 专用章		备注：报销			
		记账网点　1260	记账柜员　12	记账日期	20×2年12月04日

重要提示：本回单不作为收款方发货依据，请勿重复记账。　　打印日期：20×2年12月04日

4-2-1：

武汉楚风家具有限公司

20×2 年 11 月工资汇总表

单位：元

项　目	应发金额	扣养老保险	扣医疗保险	扣失业保险	扣住房公积金	实发金额
合　计	364 500.00	29 160.00	7 290.00	3 645.00	36 450.00	28 7955.00

制表：　　　　　　　　　　　　　　　　　　20×2 年 12 月 5 日

4-2-2：

中国工商银行 Industrial and Commercial Bank of China

电 子 转 账 凭 证

币别：人民币　　　　20×2 12 04　　　　流水号：20×212042780

<table>
<tr><td rowspan="3">付款人</td><td>全　称</td><td>武汉楚风家具有限公司</td><td rowspan="3">收款人</td><td>全　称</td><td>武汉楚风家具有限公司/个人</td></tr>
<tr><td>账　号</td><td>62230286123618</td><td>账　号</td><td></td></tr>
<tr><td>开户行</td><td>中国工商银行武汉楚风支行</td><td>开户行</td><td>中国工商银行武汉楚风支行</td></tr>
<tr><td>金额</td><td colspan="4">(大写)贰拾捌万柒仟玖佰伍拾伍元整</td><td>RMB287955.00</td></tr>
<tr><td>用途</td><td colspan="2">职工 20×2 年 11 月份工资</td><td colspan="3" rowspan="2">中国工商银行武汉楚风支行
20×2.12.04
转讫
K00000000002
银行盖章</td></tr>
<tr><td colspan="3">备注：</td></tr>
</table>

第一联 客户回单

5.7 日取得的原始凭证

5-1：

武汉楚风家具有限公司

领　料　单

LL005093

20×2 年 12 月 7 日

领料部门：制作车间　　　　　　　　用途：生产桌椅

材料名称	规格型号	单位	请领数量	实发数量	备 注
原木	杉木	m^3	20	19.7	
钢条	2000×30×3	根	400	400	
螺钉	25	盒	140	140	

②财务

领料人：李斌　　　　　　　　　　　发货人：张强

5-2：

武汉楚风家具有限公司

领　料　单　　　　LL005094

20×2 年 12 月 7 日

领料部门：油漆车间　　　　用途：生产桌椅

材料名称	规格型号	单位	请领数量	实发数量	备 注
腻子		桶	6	6	
油漆	透明	桶	6	6	
包装绳		卷	130	130	
包装纸		卷	120	120	

②财务

领料人：刘阳　　　　发货人：张强

6.8 日取得的原始凭证

6-1：

中国工商银行电子缴税付款凭证

转账日期：20×2 年 12 月 07 日　　凭证字号：20×212074482329

纳税人全称：武汉楚风家具有限公司　　纳税人识别号：9142010038MA4U65D1

付款人全称：武汉楚风家具有限公司　　征收机关：武汉市汉阳区税务局

付款人开户银行：中国工商银行武汉楚风支行　　收款国库：武汉市金库 867018

付款人账号：62230286123618　　缴款书交易流水号：20×212072432504

大写(合计)金额：壹拾伍万陆仟零陆元整　　税票号码：YHDYH0000001394057

小写(合计)金额：￥156006.00

税(费)种名称	所属期间	实缴金额
基本养老保险金	20×21201-20×21231	102060.00
基本医疗保险金	20×21201-20×21231	36450.00
失业保险金	20×21201-20×21231	10935.00
工伤保险金	20×21201-20×21231	3645.00
生育保险金	20×21201-20×21231	2916.00

中国工商银行武汉楚风支行 20×2.12.07 转讫

第 1 次打印　　打印日期：20×21207

6-2：

4200120142　　　　**湖北增值税专用发票**　　　　№ 68522502

此联不作报销、扣税凭证使用

开票日期：20×2 年 12 月 08 日

购买方	名　　称：汉阳家具商场有限公司 纳税人识别号：914201057483222503 地址、电话：武汉市知音路 18 号 027-84981234 开户行及账号：建设银行武汉知音支行 42859673215512	密码区	4<31>41+50+92-4-6+>4>0+80*4 4-32/47-70<*86<-36+5-2+93/3 7+82+3<9+4*3887*67*/3>562-4 7/4/++*-3-<35*82+52>2->3280

货物或应税劳务、服务名称	规格型号	单位	数量	单价	金额	税率	税额
桌椅		组	160	1000.00	160000.00	13%	20800.00
合　计					160000.00		20800.00
价税合计（大写）	⊗壹拾捌万零捌佰圆整				（小写）￥180800.00		

销售方	名　　称：武汉楚风家具有限公司 纳税人识别号：9142010038MA4U65D1 地址、电话：武汉市楚风路 1 号 027-81886688 开户行及账号：工商银行武汉楚风支行 62230286123618	备注	

收款人：　　　复核：　　　开票人：王丽　　　销售方：（章）

第一联 记账联 销售方记账凭证

7.9 日取得的原始凭证

7-1-1：

武汉楚风家具有限公司

付 款 申 请 单

申请人	周林	所属部门	供应部	申请日期	20×2 年 12 月 9 日
费用金额	¥40047.20	付款方式	□现金　□支票　☑网银　□电汇　其他______		
事　由	材料款				
收款单位	武汉佳禾木材有限公司		地　址	武汉市汉西路 1 号	
开户银行	农业银行武汉汉西支行		账　号	17028524321168	
联系人		职　务		电　话	027-83231256
部门领导	郭尚明	公司领导	张开新	备　注	

7-1-2：

中国工商银行　网上银行电子回单

电子回单号码：010500596125

付款人	户　名	武汉楚风家具有限公司	收款人	户　名	武汉佳禾木材有限公司
	账　号	62230286123618		账　号	17028524321168
	开户银行	中国工商银行武汉楚风支行		开户银行	中国农业银行武汉汉西支行
金　额		¥40,047.20	金　额（大写）		肆万零肆拾柒元贰角整
交易流水号		00023695	交易时间		20×2年12月09日
中国工商银行 电子回单专用章		备注：货款			
		记账网点 1260	记账柜员 12	记账日期	20×2年12月09日

重要提示：本回单不作为收款方发货依据，请勿重复记账。　　打印日期：20×2年12月09日

7-2-1：

4200014123　　**湖北增值税专用发票**　　№ 50135326

发票联

开票日期：20×2年12月09日

购买方	名　　称：武汉楚风家具有限公司 纳税人识别号：9142010038MA4U65D1 地址、电话：武汉市楚风路1号 027-81886688 开户行及账号：工商银行武汉楚风支行 62230286123618			密码区	4>0+887*6731>4143+50+96/0*4 7-70<*85-26<-36+2/4+94<33/3 2+3<9+52-4-6+>7+84*382-4>56 82>2+5*8+0/5*-3-<32+->37/42		
货物或应税劳务、服务名称	规格型号	单位	数　量	单　价	金　额	税率	税　额
原木	杉木	m^3	45.45	800.00	36360.00	13%	4726.80
合　计					36360.00		4726.80
价税合计（大写）	⊗肆万壹仟零捌拾陆圆捌角				（小写）¥41086.80		
销售方	名　　称：武汉佳禾木材有限公司 纳税人识别号：914201048656456125 地址、电话：武汉市汉西路1号 027-83231256 开户行及账号：农业银行武汉汉西支行 17028524321168			备注	武汉佳禾木材有限公司 914201048656456125 发票专用章		

收款人：　　复核：　　开票人：张燕　　销售方：（章）

第三联　发票联　购买方记账凭证

7-2-2：

武汉楚风家具有限公司

材 料 入 库 单　　CLRK005072

20×2 年 12 月 9 日

材料来源：武汉佳禾木材有限公司

材料名称	规格型号	单位	交库数量	实收数量	备 注
原木	杉木	m^3	45.45	45.45	

②财务

交库人：周林　　收货人：张强

8.10 日取得的原始凭证

8-1：

中国工商银行电子缴税付款凭证

转账日期：20×2 年 12 月 09 日　　凭证字号：20×21209045548

纳税人全称：武汉楚风家具有限公司　　纳税人识别号：9142010038MA4U65D1

付款人全称：武汉楚风家具有限公司　　征收机关：武汉市汉阳区税务局

付款人开户银行：中国工商银行武汉楚风支行　　收款国库：武汉市金库 867018

付款人账号：62230286123618　　缴款书交易流水号：20×2120905236341

大写(合计)金额：壹拾肆万捌仟叁佰零壹元壹角整　　税票号码：420005036311226326

小写(合计)金额：￥148301.10

税(费)种名称	所属期间	实缴金额
增值税	20×21101-20×21130	132411.70
城市维护建设税	20×21101-20×21130	9268.82
教育费附加	20×21101-20×21130	3972.35
地方教育附加	20×21101-20×21130	2648.23

中国工商银行武汉楚风支行 20×2.12.09 转讫

第 1 次打印　　打印日期：20×21209

8-2：

4200120142　　**湖北增值税专用发票**　　№ 68522503

此联不作报销、扣税凭证使用

开票日期：20×2 年 12 月 10 日

购买方	名　称：武昌家具商场有限公司 纳税人识别号：914201067483271502 地址、电话：武汉市望江路 136 号 027-87654321 开户行及账号：中国银行武汉望江支行 62859666216216			密码区	7/4410+92-4-6/0+>4>0+8*47-7 2/40<85-2-36+7*6+94<33/34+5 37+82+3<9+4*386<87*/32-4>56 21>5*82>0/5+*-3-<32+->322+8		
货物或应税劳务、服务名称	规格型号	单位	数量	单价	金额	税率	税额
桌椅		组	220	1000.00	220000.00	13%	28600.00
合计					220000.00		28600.00
价税合计（大写）	⊗贰拾肆万捌仟陆佰圆整				（小写）￥248600.00		
销售方	名　称：武汉楚风家具有限公司 纳税人识别号：9142010038MA4U65D1 地址、电话：武汉市楚风路 1 号 027-81886688 开户行及账号：工商银行武汉楚风支行 62230286123618			备注			

收款人：　　复核：　　开票人：王丽　　销售方：（章）

第一联 记账联 销售方记账凭证

9. 11 日取得的原始凭证

9-1：

武汉楚风家具有限公司

费用报销单

20×2 年 12 月 11 日　　附单据 1 张

部门	事由	十	万	千	百	十	元	角	分	备注
行政办公室	业务招待费				5	8	0	0	0	
合计金额（大写）	伍佰捌拾元整			￥	5	8	0	0	0	

公司领导：张开新　　部门领导：　　报销人：何久

9-1-1：

湖北增值税普通发票

发票联

4200154130　　№ 85225298 4200154130

85225298

开票日期：20×2 年 12 月 10 日

购买方	名　　称：武汉楚风家具有限公司 纳税人识别号：9142010038MA4U65D1 地址、电话：武汉市楚风路 1 号 027-81886688 开户行及账号：工商银行武汉楚风支行 62230286123618			密码区	16+8/302-4>57-743+2+3<9+2+3 65-5+>6/01>4*8<7*8-4>0+86-4 4<392+53-270<4*9*4/48*/36+7 4+35/5+7*5*8-3-<37/+2->32>2		
货物或应税劳务、服务名称	规格型号	单位	数量	单价	金额	税率	税额
餐饮					547.17	6%	32.83
合　计					547.17		32.83
价税合计（大写）	⊗伍佰捌拾圆整				（小写）¥580.00		
销售方	名　　称：武汉蓝天酒店管理有限公司 纳税人识别号：914201061825170637 地址、电话：武汉市清明路 112 号 027—84680215 开户行及账号：建设银行武汉清明支行 018732681564269			备注			

收款人：廖然　　复核：　　开票人：易木　　销售方：（章）

第二联　发票联　购买方记账凭证

9-2：

中国工商银行　网上银行电子回单

电子回单号码：010500624159

付款人	户　名	武汉楚风家具有限公司	收款人	户　名	何久
	账　号	62230286123618		账　号	62236385240358
	开户银行	中国工商银行武汉楚风支行		开户银行	中国工商银行武汉楚风支行
金　额		¥580.00	金　额（大写）		伍佰捌拾元整
交易流水号		00032586	交易时间		20×2年12月11日
（中国工商银行 电子回单专用章）		备注：报销			
	记账网点	1260	记账柜员 12	记账日期	20×2年12月11日

重要提示：本回单不作为收款方发货依据，请勿重复记账。　　打印日期：20×2年12月11日

10.14 日取得的原始凭证

10-1：

武汉楚风家具有限公司

领 料 单

LL005095

20×2 年 12 月 14 日

领料部门：制作车间　　　　用途：生产桌椅

材料名称	规格型号	单位	请领数量	实发数量	备 注
原木	杉木	m^3	20	19.9	
螺钉	25	盒	140	140	

②财务

领料人：李斌　　　　发货人：张强

10-2：

武汉楚风家具有限公司

领 料 单

LL005096

20×2 年 12 月 14 日

领料部门：油漆车间　　　　用途：生产桌椅

材料名称	规格型号	单位	请领数量	实发数量	备 注
腻子		桶	6	6	
油漆	透明	桶	6	6	
包装绳		卷	130	130	
包装纸		卷	120	120	

②财务

领料人：刘阳　　　　发货人：张强

11.15 日取得的原始凭证

11-1-1：

中国工商银行 Industrial and Commercial Bank of China

电 子 转 账 凭 证

币别：人民币　　20×2 12 14　　流水号：20×212140375

付款人	全　称	武汉楚风家具有限公司	收款人	全　称	武汉市工会
	账　号	62230286123618		账　号	268187356426901
	开户行	中国工商银行武汉楚风支行		开户行	中国农业银行武汉中山支行
金额	(大写)柒仟贰佰玖拾元整				RMB7290.00
用途	上解上月工会经费				
备注：			中国工商银行武汉楚风支行 20×2.12.14 转讫 K00000000002 银行盖章		

第一联 客户回单

11-1-2：

中国工商银行 Industrial and Commercial Bank of China

电 子 转 账 凭 证

币别：人民币　　20×2 12 14　　流水号：20×212140376

付款人	全　称	武汉楚风家具有限公司	收款人	全　称	武汉市住房公积金管理中心
	账　号	62230286123618		账　号	696187422681356
	开户行	中国工商银行武汉楚风支行		开户行	汉口银行武汉江南支行
金额	(大写)柒万贰仟玖佰元整				RMB72900.00
用途	缴纳上月职工住房公积金				
备注：			中国工商银行武汉楚风支行 20×2.12.14 转讫 K00000000002 银行盖章		

第一联 客户回单

11-2：

4200120142　　湖北增值税专用发票　　№ 68522504

此联不作报销、扣税凭证使用

开票日期：20×2 年 12 月 15 日

购买方	名　　称：汉口家具商场有限公司 纳税人识别号：914201033253846581 地址、电话：武汉市长江路 15 号 027-85863566 开户行及账号：农业银行武汉汉兴支行 17535235621621			密码区	7*62-441+5-0+9+>4>0+8*46/30 8<3/32/47-70<6*36+5-2+9-4<3 31>4682+3<9+4*37*7+8/32-4>5 8+2+70/5+2>2*5-3-<3/4-5*8>3		
货物或应税劳务、服务名称	规格型号	单位	数量	单价	金额	税率	税额
桌椅		组	220	1000.00	220000.00	13%	28600.00
合　计					220000.00		28600.00
价税合计（大写）	⊗贰拾肆万捌仟陆佰圆整				（小写）￥248600.00		
销售方	名　　称：武汉楚风家具有限公司 纳税人识别号：9142010038MA4U65D1 地址、电话：武汉市楚风路 1 号 027-81886688 开户行及账号：工商银行武汉楚风支行 62230286123618			备注			

收款人：　　复核：　　开票人：王丽　　销售方：（章）

第一联　记账联　销售方记账凭证

12.16 日取得的原始凭证

12-1-1：

武汉楚风家具有限公司

付款申请单

申请人	周林	所属部门	供应部	申请日期	20×2 年 12 月 16 日
费用金额	¥16950.00	付款方式	□现金　□支票　☑网银　□电汇　其他______		
事　由	材料款				
收款单位	武汉七彩油漆有限公司		地　址	武汉市汉南路 8 号	
开户银行	中国银行武汉汉南支行		账　号	62242102852018	
联系人		职　务		电　话	027-83122213
部门领导	郭尚明	公司领导	张开新	备　注	

12-1-2：

中国工商银行　网上银行电子回单

电子回单号码：010500735612

付款人	户　名	武汉楚风家具有限公司	收款人	户　名	武汉七彩油漆有限公司
	账　号	62230286123618		账　号	62242102852018
	开户银行	中国工商银行武汉楚风支行		开户银行	中国银行武汉汉南支行
金　额		¥16,950.00	金　额（大写）		壹万陆仟玖佰伍拾元整
交易流水号		00058561	交易时间		20×2年12月16日
中国工商银行 电子回单 专用章		备注：货款			
		记账网点 1260	记账柜员 12		记账日期 20×2年12月16日

重要提示：本回单不作为收款方发货依据，请勿重复记账。　　打印日期：20×2年12月16日

12-2-1：

4200014121　　**湖北增值税专用发票**　　№ 24511235

发票联

开票日期：20×2年12月16日

购买方	名　　称：武汉楚风家具有限公司 纳税人识别号：9142010038MA4U65D1 地址、电话：武汉市楚风路1号 027-81886688 开户行及账号：工商银行武汉楚风支行 62230286123618			密码区	4*32-4>53+21>41-9+>4>0+884-4 2/47-70<7+8*86<3-36+94<35-23 6+3/32+3<9+6/0*45*88*67/36+2 2+80/5-3-<3>3+7/4+50+9*2>2-2		
货物或应税劳务、服务名称	规格型号	单位	数　量	单　价	金　额	税率	税　额
腻子		桶	25	200.00	5000.00	13%	650.00
油漆	透明	桶	25	400.00	10000.00	13%	1300.00
合　计					15000.00		1950.00
价税合计（大写）	⊗壹万陆仟玖佰伍拾圆整				（小写）¥16950.00		
销售方	名　　称：武汉七彩油漆有限公司 纳税人识别号：914201035618656423 地址、电话：武汉市汉南路8号 027-83122213 开户行及账号：中国银行武汉汉南支行 62242102852018			备注	武汉七彩油漆有限公司 914201035618656423 发票专用章		

收款人：　　复核：　　开票人：李婷　　销售方：（章）

第三联　发票联　购买方记账凭证

12-2-2：

武汉楚风家具有限公司

材料入库单

CLRK005073

20×2 年 12 月 16 日

材料来源：武汉七彩油漆有限公司

材料名称	规格型号	单位	交库数量	实收数量	备注
腻子		桶	25	25	
油漆	透明	桶	25	25	

②财务

交库人：周林　　　　收货人：张强

13. 17 日取得的原始凭证

13-1：

中国工商银行 网上银行电子回单

电子回单号码：010500786942

付款人	户名	汉口家具商场有限公司	收款人	户名	武汉楚风家具有限公司	
	账号	17535235621621		账号	62230286123618	
	开户银行	中国农业银行武汉汉兴支行		开户银行	中国工商银行武汉楚风支行	
金额		¥600,000.00	金额（大写）		陆拾万元整	
交易流水号		00060254	交易时间		20×2年12月15日	
中国工商银行 电子回单 专用章	备注：货款					
	记账网点	1260	记账柜员	12	记账日期	20×2年12月15日

重要提示：本回单不作为收款方发货依据，请勿重复记账。　　打印日期：20×2年12月17日

13-2-1：

武汉楚风家具有限公司

差旅费报销单

20×2 年 12 月 17 日　　　　附单据 3 张

出差人	钱必清	出差地	北京	出差事由	企业财务会议	同行人员	无						
行程						交通费		出差补助				其他费用	
月	日	起点	月	日	终点	交通工具	金额	人数	天数	标准	金额	项目	金额
12	13	武汉	12	13	北京	高铁	520.50	1	1	50.00	50.00	住宿	1350.00
12	14	北京	12	15	北京			1	2	50.00	100.00		
12	16	北京	12	16	武汉	高铁	520.50	1	1	50.00	50.00		
报销金额（大写）				贰仟伍佰玖拾壹元整				其中增值税				162.38	

公司领导：张开新　　　　部门领导：　　　　报销人：钱必清

13-2-1-1：

1000156141　　　　**北京增值税专用发票**　　　　**№ 51150010**

发　票　联

开票日期：20×2 年 12 月 16 日

购买方	名　　称：武汉楚风家具有限公司 纳税人识别号：9142010038MA4U65D1 地址、电话：武汉市楚风路 1 号 027-81886688 开户行及账号：工商银行武汉楚风支行 62230286123618				密码区	6/0*487*43+50+-4-+>4>0+81-2 4->37-70<*856<-67+92/+96<33 8*/3373<9+02+304*/42-4>5+86 80/57/2>2+1>4+5*8*-3-<32+42		
货物或应税劳务、服务名称	规格型号	单位	数量	单价	金额	税率	税额	
住宿费		天	3	428.571	1273.58	6%	76.42	
合　计					1273.58		76.42	
价税合计（大写）	ⓧ壹仟叁佰伍拾圆整				（小写）￥1350.00			
销售方	名　　称：北京太和酒店管理有限公司 纳税人识别号：911001061825170631 地址、电话：北京市朝阳路 152 号 010－81537884 开户行及账号：工行北京朝阳支行 668928932254015				备注	北京太和酒店管理有限公司 911001061825170631 发票专用章		

收款人：林俐　　　复核：　　　开票人：徐枫　　　销售方：（章）

第三联　发票联　购买方记账凭证

13-2-1-2：

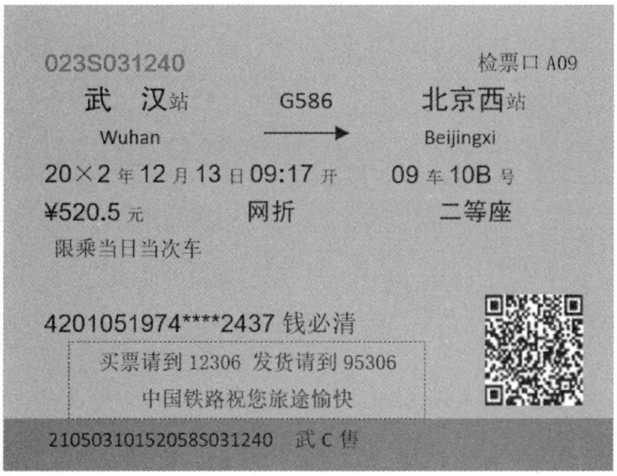
023S031240 检票口 A09
武 汉站 G586 北京西站
Wuhan → Beijingxi
20×2 年 12 月 13 日 09:17 开 09 车 10B 号
¥520.5 元 网折 二等座
限乘当日当次车
4201051974****2437 钱必清
买票请到 12306 发货请到 95306
中国铁路祝您旅途愉快
21050310152058S031240 武 C 售

13-2-1-3：

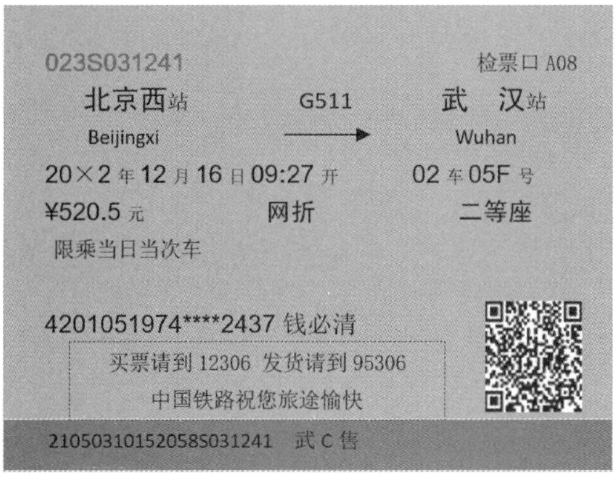
023S031241 检票口 A08
北京西站 G511 武 汉站
Beijingxi → Wuhan
20×2 年 12 月 16 日 09:27 开 02 车 05F 号
¥520.5 元 网折 二等座
限乘当日当次车
4201051974****2437 钱必清
买票请到 12306 发货请到 95306
中国铁路祝您旅途愉快
21050310152058S031241 武 C 售

13-2-2：

中国工商银行 网上银行电子回单

电子回单号码：010500787154

付款人	户 名	武汉楚风家具有限公司	收款人	户 名	钱必清
	账 号	62230286123618		账 号	62236385240360
	开户银行	中国工商银行武汉楚风支行		开户银行	中国工商银行武汉楚风支行
金 额		¥2,591.00	金 额（大写）		贰仟伍佰玖拾壹元整
交易流水号		00061564	交易时间		20×2年12月17日
中国工商银行 电子回单 专用章		备注：差旅费			
		记账网点 1260	记账柜员 12		记账日期 20×2年12月17日

重要提示：本回单不作为收款方发货依据，请勿重复记账。 打印日期：20×2年12月17日

14. 18 日取得的原始凭证

14-1：

4200120142 **湖北增值税专用发票** **№ 68522505**

此联不作报销、扣税凭证使用

开票日期：20×2 年 12 月 18 日

购买方	名　　称：汉阳家具商场有限公司 纳税人识别号：914201057483222503 地址、电话：武汉市知音路 18 号 027-84981234 开户行及账号：建设银行武汉知音支行 42859673215512	密码区	4<340+95-212-4-9+>4>0+383+5 61>4<30*42/47-70<*86+6/+9/3 0/587*7+8<9+4*382-4>5667*/3 2+325*82>2+7/4+2+8*-3-<3->3

货物或应税劳务、服务名称	规格型号	单位	数量	单价	金额	税率	税额
桌椅		组	160	1000.00	160000.00	13%	20800.00
合　计					160000.00		20800.00
价税合计（大写）	⊗壹拾捌万零捌佰圆整				（小写）￥180800.00		

销售方	名　　称：武汉楚风家具有限公司 纳税人识别号：9142010038MA4U65D1 地址、电话：武汉市楚风路 1 号 027-81886688 开户行及账号：工商银行武汉楚风支行 62230286123618	备注	

收款人：　　复核：　　开票人：王丽　　销售方：（章）

第一联 记账联 销售方记账凭证

15. 21 日取得的原始凭证

15-1：

利息入账通知

20×2 年 12 月 20 日

传票号：99997521

付款人：中国工商银行武汉楚风支行　　收款户名：武汉楚风家具有限公司

收款账号：424058612371688　　利息金额大写：（人民币）贰万陆仟壹佰陆拾捌元壹角

利息金额小写：RMB26168.10　　计息期间：20×20921-20×21220

活期存款积数：348907950　　利率：0.0750

摘要：结息

中国工商银行武汉楚风支行 转讫

15-2：

武汉楚风家具有限公司

领 料 单　　LL005097

20×2 年 12 月 21 日

领料部门：制作车间　　用途：生产桌椅

材料名称	规格型号	单位	请领数量	实发数量	备 注
原木	杉木	m^3	20	19.7	
钢条	2000×30×3	根	350	350	
螺钉	25	盒	140	140	

②财务

领料人：李斌　　发货人：张强

15-3：

武汉楚风家具有限公司

领 料 单　　LL005098

20×2 年 12 月 21 日

领料部门：油漆车间　　用途：生产桌椅

材料名称	规格型号	单位	请领数量	实发数量	备 注
腻子		桶	6	6	
油漆	透明	桶	6	6	
包装绳		卷	130	130	
包装纸		卷	120	120	

②财务

领料人：刘阳　　发货人：张强

16.22 日取得的原始凭证

16-1-1：

武汉楚风家具有限公司

付 款 申 请 单

申请人	周林	所属部门	供应部	申请日期	20×2 年 12 月 22 日
费用金额	¥41086.80	付款方式	□现金　□支票　☑网银　□电汇　其他______		
事　由	材料款				
收款单位	武汉佳禾木材有限公司		地　址	武汉市汉西路 1 号	
开户银行	农业银行武汉汉西支行		账　号	17028524321168	
联系人		职　务		电　话	027-83231256
部门领导	郭尚明	公司领导	张乔新	备　注	

16-1-2：

中国工商银行　网上银行电子回单

电子回单号码：010501256023

付款人	户　名	武汉楚风家具有限公司	收款人	户　名	武汉佳禾木材有限公司
	账　号	62230286123618		账　号	17028524321168
	开户银行	中国工商银行武汉楚风支行		开户银行	中国农业银行武汉汉西支行
金　额		¥41,086.80	金　额（大写）		肆万壹仟零捌拾陆元捌角整
交易流水号		00106215	交易时间		20×2年12月22日
中国工商银行 电子回单专用章		备注：货款			
		记账网点 1260	记账柜员 12	记账日期	20×2年12月22日

重要提示：本回单不作为收款方发货依据，请勿重复记账。　　打印日期：20×2年12月22日

16-2-1：

4200014123　　湖北增值税专用发票　　№ 64350215

发票联

开票日期：20×2年12月22日

购买方	名　　称：武汉楚风家具有限公司 纳税人识别号：9142010038MA4U65D1 地址、电话：武汉市楚风路1号 027-81886688 开户行及账号：工商银行武汉楚风支行 62230286123618	密码区	82+3<97*6143+50+9>0+86/4<36 2/47-70<*82-4>46<-36+3/35-2 0*4+931>47+8+4*387*/32-4>56 7/480/5++2>2*-3-<35*82+7->3	

货物或应税劳务、服务名称	规格型号	单位	数量	单价	金额	税率	税额
原木	杉木	m^3	44.35	800.00	35480.00	13%	4612.40
合　计					35480.00		4612.40
价税合计（大写）	⊗肆万零玖拾贰圆肆角				（小写）¥40092.40		

销售方	名　　称：武汉佳禾木材有限公司 纳税人识别号：914201048656456125 地址、电话：武汉市汉西路1号 027-83231256 开户行及账号：农业银行武汉汉西支行 17028524321168	备注	武汉佳禾木材有限公司 914201048656456125 发票专用章

收款人：　　复核：　　开票人：张燕　　销售方：（章）

第三联 发票联 购买方记账凭证

16-2-2：

武汉楚风家具有限公司

材 料 入 库 单　　CLRK005074

20×2 年 12 月 22 日

材料来源：武汉佳禾木材有限公司

材料名称	规格型号	单位	交库数量	实收数量	备 注
原木	杉木	m^3	44.35	44.35	

②财务

交库人：周林　　　　收货人：张强

17.23 日取得的原始凭证

17-1：

中国工商银行 网上银行电子回单

电子回单号码：010501260035

付款人	户 名	武昌家具商场有限公司	收款人	户 名	武汉楚风家具有限公司
	账 号	62859666216216		账 号	62230286123618
	开户银行	中国银行武汉望江支行		开户银行	中国工商银行武汉楚风支行
金 额		¥600,000.00	金 额（大写）		陆拾万元整
交易流水号		00107516	交易时间		20×2年12月22日
中国工商银行 电子回单 专用章		备注：货款			
		记账网点 1260	记账柜员 12	记账日期	20×2年12月22日

重要提示：本回单不作为收款方发货依据，请勿重复记账。 打印日期：20×2年12月23日

17-2：

4200120142 **湖北增值税专用发票** **№ 68522506**

此联不作报销、扣税凭证使用

开票日期：20×2 年 12 月 23 日

购买方	名 称：	武昌家具商场有限公司	密码区	5-24>0+81>410+92-4-9+>6/0*4
	纳税人识别号：	914201067483271502		43+56<32/47-70<*86+3/3+94<3
	地址、电话：	武汉市望江路 136 号 027-87654321		7+8+3<9+4*38/32-4>57*67*668
	开户行及账号：	中国银行武汉望江支行 62859666216216		2>2++80/5*-8>33-<32+7/4-5*2

货物或应税劳务、服务名称	规格型号	单位	数 量	单 价	金 额	税率	税 额
桌椅		组	220	1000.00	220000.00	13%	28600.00
合 计					220000.00		28600.00
价税合计（大写）	⊗贰拾肆万捌仟陆佰圆整				（小写）￥248600.00		

销售方	名 称：	武汉楚风家具有限公司	备注	
	纳税人识别号：	9142010038MA4U65D1		
	地址、电话：	武汉市楚风路 1 号 027-81886688		
	开户行及账号：	工商银行武汉楚风支行 62230286123618		

收款人： 复核： 开票人： 王丽 销售方：（章）

第一联 记账联 销售方记账凭证

18.24 日取得的原始凭证

18-1-1：

中国工商银行
Industrial and Commercial Bank of China

业 务 收 费 凭 证

币别：人民币　　　　20×2 年 12 月 23 日　　　　流水号：42068020×212231135

付款人：武汉楚风家具有限公司			账号：424058612371688		
项目名称	工本费	手续费	电子汇划费		金额
回单柜管理费				240.00	RMB240.00
金额（大写）人民币贰佰肆拾元整					RMB240.00
付款方式	转账				
业务类型：管理费					

第二联　客户回单

中国工商银行武汉楚风支行
20×2.12.23
转讫

会计主管　　　　授权　　　　复核　　　　录入　420680421120

18-1-2：

中国工商银行
Industrial and Commercial Bank of China

业 务 收 费 凭 证

币别：人民币　　　　20×2 年 12 月 23 日　　　　流水号：42068020×212231136

付款人：武汉楚风家具有限公司			账号：424058612371688		
项目名称	工本费	手续费	电子汇划费		金额
账户管理费				300.00	RMB300.00
金额（大写）人民币叁佰元整					RMB300.00
付款方式	转账				
业务类型：管理费					

第二联　客户回单

中国工商银行武汉楚风支行
20×2.12.23
转讫

会计主管　　　　授权　　　　复核　　　　录入　420680421120

18-2-1：

武汉楚风家具有限公司

费用报销单

20×2 年 12 月 24 日　　　　附单据 2 张

部门	事由	金额								备注
		十	万	千	百	十	元	角	分	
行政办公室	加油费			1	1	9	0	0	0	
合计金额（大写）壹仟壹佰玖拾元整			¥	1	1	9	0	0	0	

公司领导：张丹新　　部门领导：何久　　报销人：安泰

18-2-1-1：

中国石化销售有限公司湖北石油分公司发票

发　票　联

发票代码 142011261038
发票号码 92103319

客户名称：武汉楚风家具有限公司
开票日期：20×2/12/08　　收银员：03

品名	单价	数量	金额
92#乙醇汽油	5.95	100.00	595.00

金额合计：¥595.00
人民币大写：伍佰玖拾伍元整
收款单位：中石化湖北武汉石油分公司汉阳加油站
加油站编号：33152905
发票号码：92103319
收款机号：999100040077
防伪码：999100040077-92103319

18-2-1-2：

中国石化销售有限公司湖北石油分公司发票

发票联

发票代码 042011261038

发票号码 92134486

客户名称：武汉楚风家具有限公司

开票日期：20×2/12/22 收银员：03

品名	单价	数量	金额
92#乙醇汽油	5.95	100.00	595.00

金额合计：¥595.00

人民币大写：伍佰玖拾伍元整

收款单位：中石化湖北武汉石油分公司汉阳加油站

加油站编号：33152905

发票号码：92134486

收款机号：999100040077

防伪码：999100040077-92134486

18-2-2：

中国工商银行 网上银行电子回单

电子回单号码：010501259347

付款人	户名	武汉楚风家具有限公司	收款人	户名	安泰
	账号	62230286123618		账号	62236385240385
	开户银行	中国工商银行武汉楚风支行		开户银行	中国工商银行武汉楚风支行
金额		¥1,190.00	金额（大写）		壹仟壹佰玖拾元整
交易流水号		00107059	交易时间		20×2年12月24日
中国工商银行 电子回单专用章		备注：报销			
		记账网点 1260	记账柜员 12	记账日期	20×2年12月24日

重要提示：本回单不作为收款方发货依据，请勿重复记账。 打印日期：20×2年12月24日

19. 25 日取得的原始凭证

19-1-1：

武汉楚风家具有限公司

付 款 申 请 单

申请人	周林	所属部门	供应部	申请日期	20×2 年 12 月 25 日
费用金额	¥8475.00	付款方式	□现金　□支票　☑网银　□电汇　其他______		
事　由	材料款				
收款单位	武汉焕新包装材料有限公司		地　址	武汉市楚风路 108 号	
开户银行	湖北银行武汉楚风支行		账　号	62236180286123	
联系人		职　务		电　话	027-84256231
部门领导	郭尚明	公司领导	张开新	备　注	

19-1-2：

中国工商银行　网上银行电子回单

电子回单号码：010501266542

付款人	户　名	武汉楚风家具有限公司	收款人	户　名	武汉焕新包装材料有限公司
	账　号	62230286123618		账　号	62236180286123
	开户银行	中国工商银行武汉楚风支行		开户银行	湖北银行武汉楚风支行
金　额		¥8,475.00	金　额（大写）		捌仟肆佰柒拾伍元整
交易流水号		00108163	交易时间		20×2年12月25日
中国工商银行 电子回单专用章		备注：货款			
		记账网点 1260	记账柜员 12	记账日期	20×2年12月25日

重要提示：本回单不作为收款方发货依据，请勿重复记账。　　打印日期：20×2年12月25日

19-2-1：

4200014121　　**湖北增值税专用发票**　　№ 45013526

发票联

开票日期：20×2 年 12 月 25 日

购买方	名　　称：武汉楚风家具有限公司 纳税人识别号：9142010038MA4U65D1 地址、电话：武汉市楚风路 1 号 027-81886688 开户行及账号：工商银行武汉楚风支行 62230286123618	密码区	4<387*610+9>0+86/0*4+9643+5 7/42/47-70<*82-4>46<6+3/3-3 31->3>47+82+3<9+8/32-4>57*6 80/5++2>2*4*3-3-<35*82+5-22

货物或应税劳务、服务名称	规格型号	单位	数量	单价	金额	税率	税额
包装纸		卷	500	10.00	5000.00	13%	650.00
包装绳		卷	500	5.00	2500.00	13%	325.00
合　计					7500.00		975.00
价税合计（大写）	⊗捌仟肆佰柒拾伍圆整				（小写）¥8475.00		

销售方	名　　称：武汉焕新包装材料有限公司 纳税人识别号：914201104561286567 地址、电话：武汉市楚风路 108 号 027-84256231 开户行及账号：湖北银行武汉楚风支行 62236180286123	备注	

收款人：　　复核：　　开票人：陈露　　销售方：（章）

第三联　发票联　购买方记账凭证

19-2-2：

武汉楚风家具有限公司

材料入库单　　CLRK005075

20×2 年 12 月 25 日

材料来源：武汉焕新包装材料有限公司

材料名称	规格型号	单位	交库数量	实收数量	备注
包装绳		卷	500	500	
包装纸		卷	500	500	

②财务

交库人：周林　　收货人：张强

20.28 日取得的原始凭证

20-1：

武汉楚风家具有限公司

领 料 单

LL005099

20×2 年 12 月 28 日

领料部门：制作车间　　　　用途：生产桌椅

材料名称	规格型号	单位	请领数量	实发数量	备 注
原木	杉木	m^3	19.5	19.4	
螺钉	25	盒	130	130	

②财务

领料人：李斌　　　　发货人：张强

20-2：

武汉楚风家具有限公司

领 料 单

LL005100

20×2 年 12 月 28 日

领料部门：油漆车间　　　　用途：生产桌椅

材料名称	规格型号	单位	请领数量	实发数量	备 注
腻子		桶	6	6	
油漆	透明	桶	6	6	
包装绳		卷	110	110	
包装纸		卷	120	120	

②财务

领料人：刘阳　　　　发货人：张强

20-3-1：

武汉楚风家具有限公司

付 款 申 请 单

申请人	吴汉华	所属部门	行政办公室	申请日期	20×2 年 12 月 28 日
费用金额	¥248.00	付款方式	□现金 □支票 ☑网银 □电汇 其他________		
事 由	水费				
收款单位	武汉自来水有限公司		地 址	武汉市风华路 8 号	
开户银行	建设银行武汉风华支行		账 号	256894015628932	
联系人		职 务	电 话	电 话	027—33331111
部门领导	何久	公司领导	张开新	备 注	

20-3-2：

中国工商银行 网上银行电子回单

电子回单号码：010501271524

付款人	户名	武汉楚风家具有限公司	收款人	户名	武汉自来水有限公司
	账号	62230286123618		账号	256894015628932
	开户银行	中国工商银行武汉楚风支行		开户银行	中国建设银行武汉风华支行
金额		¥248.00	金额（大写）		贰佰肆拾捌元整
交易流水号		00111024	交易时间		20×2年12月28日
中国工商银行 电子回单专用章		备注：水费			
	记账网点	1260	记账柜员 12	记账日期	20×2年12月28日

重要提示：本回单不作为收款方发货依据，请勿重复记账。 打印日期：20×2年12月28日

20-3-3：

4200123140 **湖北增值税专用发票** **№ 74533501**

发票联

开票日期：20×2年12月28日

购买方	名称：武汉楚风家具有限公司 纳税人识别号：9142010038MA4U65D1 地址、电话：武汉市楚风路1号 027-81886688 开户行及账号：工商银行武汉楚风支行 62230286123618			密码区	7+8+50+43-4-1>3+>4>0+86/0*6 7-487*7-70<856<1-2+49+942/3 2/3+3<9+004*86*2-4>566<33/4 2>280/5+5*8+3*5-3<32+64-7/2		
货物或应税劳务、服务名称	规格型号	单位	数量	单价	金额	税率	税额
自来水		吨	124	1.8349	227.53	9%	20.47
合计					227.53		20.47
价税合计（大写）	⊗贰佰肆拾捌圆整				（小写）¥248.00		
销售方	名称：武汉自来水有限公司 纳税人识别号：914201032648563981 地址、电话：武汉市风华路8号 027－33331111 开户行及账号：建设银行武汉风华支行 256894015628932			备注	武汉自来水有限公司 914201032648563981 发票专用章		

收款人： 复核： 开票人：万欣 销售方：（章）

第三联 发票联 购买方记账凭证

20-4-1：

武汉楚风家具有限公司

付 款 申 请 单

申请人	吴汉华	所属部门	行政办公室	申请日期	20×2年12月28日
费用金额	¥24102.90	付款方式	□现金 □支票 ☑网银 □电汇 其他________		
事　由	电费				
收款单位	武汉供电有限公司		地　址	武汉市长虹路12号	
开户银行	汉口银行武汉长虹支行		账　号	156289322568940	
联系人		职　务		电　话	027－52116616
部门领导	何文	公司领导	张开新	备　注	

20-4-2：

中国工商银行 网上银行电子回单

电子回单号码：010501271635

付款人	户　名	武汉楚风家具有限公司	收款人	户　名	武汉供电有限公司
	账　号	62230286123618		账　号	156289322568940
	开户银行	中国工商银行武汉楚风支行		开户银行	汉口银行武汉长虹支行
金　额		¥24,102.90	金　额（大写）		贰万肆仟壹佰零贰元玖角整
交易流水号		00111348	交易时间		20×2年12月28日
中国工商银行 电子回单 专用章		备注：电费			
	记账网点	1260	记账柜员	12	记账日期 20×2年12月28日

重要提示：本回单不作为收款方发货依据，请勿重复记账。　　打印日期：20×2年12月28日

20-4-3：

4200123141　　**湖北增值税专用发票**　　№ 86405351

发　票　联

开票日期：20×2 年 12 月 28 日

购买方	名　　称：武汉楚风家具有限公司 纳税人识别号：9142010038MA4U65D1 地址、电话：武汉市楚风路 1 号 027-81886688 开户行及账号：工商银行武汉楚风支行 62230286123618	密码区	2+3<9+4*3-87/+67*/32-16+7+8 1>31>4143+50+92-41-2+2-4+94 9-456<-36+6<3+94<3/3>563-45 4>580/5+*23*-3-<37-6>32>2+6

货物或应税劳务、服务名称	规格型号	单位	数量	单价	金额	税率	税额
电力		千瓦时	28440	0.75	21330.00	13%	2772.90
合　计					21330.00		2772.90
价税合计（大写）	⊗贰万肆仟壹佰零贰圆玖角				（小写）￥24102.90		

销售方	名　　称：武汉供电有限公司 纳税人识别号：914201031569565682 地址、电话：武汉市长虹路 12 号 027—52116616 开户行及账号：汉口银行武汉长虹支行 156289322568940	备注	武汉供电有限公司 914201031569565682 发票专用章

收款人：　　复核：　　开票人：张珊　　销售方：（章）

第三联　发票联　购买方记账凭证

20-4-4：

武汉楚风家具有限公司

电 费 分 配 表

20×2 年 12 月

部　　门	用电量(千瓦时)	电费(元)
行政部门	4 266	3 199.50
销售部	853	639.75
制作车间	15 642	11 731.50
油漆车间	7 679	5 759.25
合　　计	28 440	21 330.00

制表：吴汉华　　　　20×2 年 12 月 28 日

20-5-1：

武汉楚风家具有限公司

付 款 申 请 单

申请人	吴汉华	所属部门	行政办公室	申请日期	20×2年12月28日
费用金额	¥2732.40	付款方式	□现金 □支票 ☑网银 □电汇 其他________		
事 由	电信费				
收款单位	中国电信武汉分公司		地 址	武汉市民主路471号	
开户银行	工商银行武汉民主支行		账 号	893225401566892	
联系人		职 务		电 话	027—88841537
部门领导	何文	公司领导	张开新	备 注	

20-5-2：

中国工商银行 网上银行电子回单

电子回单号码：010501272124

付款人	户 名	武汉楚风家具有限公司	收款人	户 名	中国电信股份有限公司武汉分公司
	账 号	62230286123618		账 号	893225401566892
	开户银行	中国工商银行武汉楚风支行		开户银行	中国工商银行武汉民主支行
金 额		¥2,732.40	金 额（大写）		贰仟柒佰叁拾贰元肆角整
交易流水号		00111426	交易时间		20×2年12月28日
中国工商银行 电子回单 专用章		备注：电信费			
		记账网点 1260	记账柜员 12	记账日期	20×2年12月28日

重要提示：本回单不作为收款方发货依据，请勿重复记账。 打印日期：20×2年12月28日

20-5-3：

4200126141　　**湖北增值税专用发票**　　№ 87565041

发　票　联

开票日期：20×2 年 12 月 28 日

购买方	名　　称：武汉楚风家具有限公司 纳税人识别号：9142010038MA4U65D1 地址、电话：武汉市楚风路 1 号 027-81886688 开户行及账号：工商银行武汉楚风支行 62230286123618			密码区	87*43+50+-4-+>4>0+86/0*41-2 7-70<*856<-67++94->36<3392/ 32+373<9+004*/48*/32-4>5+86 80/52>2+1>4+*-3-<35*827/+42		
货物或应税劳务、服务名称	规格型号	单位	数量	单价	金额	税率	税额
基础电信服务					2360.00	9%	212.40
合　计					2360.00		212.40
价税合计（大写）	⊗贰仟伍佰柒拾贰圆肆角				（小写）¥2572.40		
销售方	名　　称：中国电信股份有限公司武汉分公司 纳税人识别号：914201062195648934 地址、电话：武汉市民主路 471 号 027—88841537 开户行及账号：工商银行武汉民主支行 893225401566892			备注	中国电信股份有限公司武汉分公司 914201062195648934 发票专用章		

收款人：　　复核：　　开票人：林梅　　销售方：（章）

第三联　发票联　购买方记账凭证

20-5-4：

4200126141　　**湖北增值税专用发票**　　№87565042

发　票　联

开票日期：20×2 年 12 月 28 日

购买方	名　　称：武汉楚风家具有限公司 纳税人识别号：9142010038MA4U65D1 地址、电话：武汉市楚风路 1 号 027-81886688 开户行及账号：工商银行武汉楚风支行 62230286123618			密码区	1-24*50+-4/4-5*8+>4>0+6/0*4 2/37-70<*856<-94+36<31>49+3 4>543+2+3<9+64277**/37+82-8 8-3-80/52>2+6<327/+7+6*8->3		
货物或应税劳务、服务名称	规格型号	单位	数量	单价	金额	税率	税额
增值电信服务					150.94	6%	9.06
合　计					150.94		9.06
价税合计（大写）	⊗壹佰陆拾圆整				（小写）¥160.00		
销售方	名　　称：中国电信股份有限公司武汉分公司 纳税人识别号：914201062195648934 地址、电话：武汉市民主路 471 号 027—88841537 开户行及账号：工商银行武汉民主支行 893225401566892			备注	中国电信股份有限公司武汉分公司 914201062195648934 发票专用章		

收款人：　　复核：　　开票人：林梅　　销售方：（章）

第三联　发票联　购买方记账凭证

20-5-5：

武汉楚风家具有限公司

电信费分配表

20×2年12月　　　　单位：元

部门	电话费	网费	合计
行政部门	1 416.00	150.94	1 566.94
销售部	708.00		708.00
制作车间	120.00		120.00
油漆车间	116.00		116.00
合计	2 360.00	150.94	2 510.94

制表：吴汉华　　　　20×2年12月28日

21.29日取得的原始凭证

21-1-1：

武汉楚风家具有限公司

付款申请单

申请人	吴汉华	所属部门	行政办公室	申请日期	20×2年12月29日
费用金额	¥22970.00	付款方式	□现金　□支票　☑网银　□电汇　其他________		
事由	中餐费				
收款单位	武汉便民餐饮有限公司		地址	武汉市人和路125号	
开户银行	建设银行武汉人和支行		账号	12387681526478	
联系人		职务		电话	027—84021568
部门领导	何文	公司领导	张开新	备注	

21-1-2：

4200154130　　**湖北增值税普通发票**　　№ 29058052　4200154130
29058052

（印章：全国统一发票监制章 湖北 国家税务总局监制）

发票联

开票日期：20×2 年 12 月 29 日

购买方	名　　称：武汉楚风家具有限公司 纳税人识别号：9142010038MA4U65D1 地址、电话：武汉市楚风路 1 号 027-81886688 开户行及账号：工商银行武汉楚风支行 62230286123618	密码区	8*2+53<9+254+35*8+2-4>57-76 43+2+17*86-5+>6/01>4+834<31 6-4+8/30+3-2/3*8<6+9*47-4>0 7/2>270<4*5/7*5/4-3-<3+2-36

货物或应税劳务、服务名称	规格型号	单位	数量	单价	金额	税率	税额
盒饭					21669.81	6%	1300.19
合　计					21669.81		1300.19
价税合计（大写）	⊗贰万贰仟玖佰柒拾圆整				（小写）￥22970.00		

销售方	名　　称：武汉便民餐饮有限公司 纳税人识别号：914201051828650697 地址、电话：武汉市人和路 125 号 027－84021568 开户行及账号：建设银行武汉人和支行 12387681526478	备注	（印章：武汉便民餐饮有限公司 914201051828650697 发票专用章）

收款人：金莹　　复核：　　开票人：程萍　　销售方：（章）

第二联　发票联　购买方记账凭证

21-1-3：

中国工商银行　网上银行电子回单

电子回单号码：010501277025

付款人	户　名	武汉楚风家具有限公司	收款人	户　名	武汉便民餐饮有限公司
	账　号	62230286123618		账　号	12387681526478
	开户银行	中国工商银行武汉楚风支行		开户银行	中国建设银行武汉人和支行
金　额		¥22,970.00	金　额（大写）		贰万贰仟玖佰柒拾元整
交易流水号		00113568	交易时间		20×2年12月29日
（印章：中国工商银行 电子回单专用章）		备注：餐费			
	记账网点	1260	记账柜员	12	记账日期 20×2年12月29日

重要提示：本回单不作为收款方发货依据，请勿重复记账。　　打印日期：20×2年12月29日

21-2：

武汉楚风家具有限公司

职工中餐费分配表

20×2 年 12 月

部　　门	人员类别	人次	职工福利费(元)
行政部门	行政管理人员	411	4 110.00
销售部	产品销售人员	46	460.00
制作车间	车间管理人员	46	460.00
	生产工人	1 426	14 260.00
油漆车间	车间管理人员	46	460.00
	生产工人	322	3 220.00
合　　计		2 297	22 970.00

制表：吴汉华　　　　20×2 年 12 月 29 日

22.30 日取得的原始凭证

22-1-1：

武汉楚风家具有限公司

付 款 申 请 单

申请人	周林	所属部门	供应部	申请日期	20×2 年 12 月 30 日
费用金额	¥5650.00	付款方式	□现金　□支票　☑网银　□电汇　其他_____		
事　由	材料款				
收款单位	武汉茂源标准件有限公司		地　址	武汉市汉北路 10 号	
开户银行	汉口银行武汉汉北支行		账　号	6121852437021116	
联系人		职　务		电　话	027-82131211
部门领导	郭尚明	公司领导	张开新	备　注	

22-1-2：

中国工商银行　网上银行电子回单

电子回单号码：010501302026

付款人	户　名	武汉楚风家具有限公司	收款人	户　名	武汉茂源标准件有限公司
	账　号	62230286123618		账　号	612185243702116
	开户银行	中国工商银行武汉楚风支行		开户银行	汉口银行武汉汉北支行
金　额		¥5,650.00	金　额（大写）		伍仟陆佰伍拾元整
交易流水号		00115095	交易时间		20×2年12月30日
中国工商银行 电子回单 专用章		备注：货款			
	记账网点	1260	记账柜员	12	记账日期 20×2年12月30日

重要提示：本回单不作为收款方发货依据，请勿重复记账。　　打印日期：20×2年12月30日

23. 31日取得的原始凭证

23-1：

武汉楚风家具有限公司

固定资产折旧计提表

20×2年12月

使用部门	类　别	资产原值	折旧年限(年)	月折旧额(元)
行政管理部门	房屋建筑物	2 848 000.00	20	11 392.00
	机器设备	40 000.00	10	320.00
	运输工具	100 000.00	8	878.91
	工具家具	109 100.00	5	1 745.60
	电子设备	14 400.00	3	192.00
	小　计	3 111 500.00	—	14 528.51
销售部	工具家具	9 700.00	5	155.20
	电子设备	3 600.00	3	48.00
	小　计	13 300.00	—	203.20
制作车间	房屋建筑物	1 800 000.00	20	7 200.00
	机器设备	1 140 000.00	10	9 120.00
	小　计	2 940 000.00	—	16 320.00
油漆车间	房屋建筑物	1 200 000.00	20	4 800.00
	机器设备	180 000.00	10	1 440.00
	小　计	1 380 000.00	—	6 240.00
合　计		7 444 800.00	—	37 291.71

制表：　　　　20×2年12月31日

23-2：

武汉楚风家具有限公司

无形资产摊销计算表

20×2 年 12 月

资产名称	原始价值（元）	摊销年限（年）	月摊销额（元）
土地使用权	6 000 000. 00	50	10 000. 00

制表：　　　　　　　　　　　　　　　　　　　20×2 年 12 月 31 日

23-3：

武汉楚风家具有限公司

工　资　分　配　表

20×2 年 12 月

部　　门	人员类别	应付工资(元)
行政部门	管理人员	73 600. 00
销售部	销售人员	8 300. 00
制作车间	管理人员	8 300. 00
	生产工人	21 7000. 00
油漆车间	管理人员	8 300. 00
	生产工人	49 000. 00
合　　　计		364 500. 00

制表：　　　　　　　　　　　　　　　　　　　20×2 年 12 月 31 日

23-4：

武汉楚风家具有限公司

工会经费计提表

20×2 年 12 月 单位：元

部 门	人员类别	工资总额	工会经费
行政部门	管理人员	73 600.00	1 472.00
销售部	销售人员	8 300.00	166.00
制作车间	管理人员	8 300.00	166.00
	生产工人	217 000.00	4 340.00
油漆车间	管理人员	8 300.00	166.00
	生产工人	49 000.00	980.00
合 计		364 500.00	7 290.00

制表： 20×2 年 12 月 31 日

23-5：

武汉楚风家具有限公司

职工“五险一金”计提表

20×2 年 12 月 单位：元

部 门	人员类别	工资总额	养老保险	医疗保险	失业保险	工伤保险	生育保险	住房公积金	合 计
行政部门	管理人员	73 600.00	14 720.00	5 888.00	1 472.00	736.00	588.80	7 360.00	30 764.80
销售部	销售人员	8 300.00	1 660.00	664.00	166.00	83.00	66.40	830.00	3 469.40
制作车间	管理人员	8 300.00	1 660.00	664.00	166.00	83.00	66.40	830.00	3 469.40
	生产工人	217 000.00	43 400.00	17 360.00	4 340.00	2 170.00	1 736.00	21 700.00	90 706.00
油漆车间	管理人员	8 300.00	1 660.00	664.00	166.00	83.00	66.40	830.00	3 469.40
	生产工人	49 000.00	9 800.00	3 920.00	980.00	490.00	392.00	4 900.00	20 482.00
合 计		364 500.00	72 900.00	29 160.00	7 290.00	3 645.00	2 916.00	36 450.00	152 361.00

制表： 20×2 年 12 月 31 日

23-6：

武汉楚风家具有限公司

制造费用分配表

20×2 年 12 月

车　间	制造费用额(元)	分配对象	分配比例(%)	分配金额(元)
制作车间		桌椅	100	
油漆车间		桌椅	100	

制表：　　　　　　　　　　　　　　20×2 年 12 月 31 日

23-7-1：

武汉楚风家具有限公司

产 品 入 库 单

CPRK010081

20×2 年 12 月 4 日

生产车间：油漆车间

产品名称	规格型号	单位	交库数量	实收数量	备 注
桌椅		组	250	250	

②财务

交库人：刘阳　　　　　　　　　　收货人：张强

23-7-2：

武汉楚风家具有限公司

产 品 入 库 单

CPRK010082

20×2 年 12 月 11 日

生产车间： 油漆车间

产品名称	规格型号	单位	交库数量	实收数量	备 注
桌椅		组	250	250	

②财务

交库人： 刘阳　　　　收货人： 张强

23-7-3：

武汉楚风家具有限公司

产 品 入 库 单

CPRK010083

20×2 年 12 月 18 日

生产车间： 油漆车间

产品名称	规格型号	单位	交库数量	实收数量	备 注
桌椅		组	250	250	

②财务

交库人： 刘阳　　　　收货人： 张强

23-7-4：

武汉楚风家具有限公司

产 品 入 库 单　　CPRK010084

20×2 年 12 月 25 日

生产车间：油漆车间

产品名称	规格型号	单位	交库数量	实收数量	备 注
桌椅		组	250	250	

②财务

交库人：刘阳　　收货人：张强

23-7-5：

武汉楚风家具有限公司

产 品 入 库 单　　CPRK010085

20×2 年 12 月 31 日

生产车间：油漆车间

产品名称	规格型号	单位	交库数量	实收数量	备 注
桌椅		组	200	200	

②财务

交库人：刘阳　　收货人：张强

23-7-6：

武汉楚风家具有限公司

产品生产情况报告单

20×2 年 12 月

车间：制作车间

产品名称	规格型号	单位	本月投产数量	本月完工数量	月末在产品数量	备 注
桌椅		组	1 150	1 150	0	转油漆车间

填表：李斌　　　　20×2 年 12 月 31 日

23-7-7：

武汉楚风家具有限公司

产品生产情况报告单

20×2 年 12 月

车间：油漆车间

产品名称	规格型号	单位	本月投产数量	本月完工数量	月末在产品数量	备 注
桌椅		组	1 150	1 150	0	交成品仓库

填表：刘阳　　　　20×2 年 12 月 31 日

23-7-8：

武汉楚风家具有限公司

完工产品成本计算表

20×2 年 12 月

完工产品总成本(元)	完工产品数量(组)	完工产品单位成本(元/组)

制表：　　　　20×2 年 12 月 31 日

23-8-1：

武汉楚风家具有限公司

产 品 出 库 单 CPCK002067

20×2 年 12 月 4 日

发往单位：汉口家具商场

产品名称	规格型号	单位	提货数量	实发数量	备 注
桌椅		组	220	220	

②财务

提货人：王拓 发货人：张强

23-8-2：

武汉楚风家具有限公司

产 品 出 库 单 CPCK002068

20×2 年 12 月 7 日

发往单位：汉阳家具商场

产品名称	规格型号	单位	提货数量	实发数量	备 注
桌椅		组	160	160	

②财务

提货人：王拓 发货人：张强

23-8-3：

武汉楚风家具有限公司

产 品 出 库 单 CPCK002069

20×2 年 12 月 8 日

发往单位：武昌家具商场

产品名称	规格型号	单位	提货数量	实发数量	备 注
桌椅		组	220	220	

②财务

提货人：王拓 发货人：张强

23-8-4：

武汉楚风家具有限公司

产品出库单　　CPCK002070

20×2 年 12 月 16 日

发往单位：汉口家具商场

产品名称	规格型号	单位	提货数量	实发数量	备 注
桌椅		组	220	220	

②财务

提货人：王栎　　发货人：张强

23-8-5：

武汉楚风家具有限公司

产品出库单　　CPCK002071

20×2 年 12 月 17 日

发往单位：汉阳家具商场

产品名称	规格型号	单位	提货数量	实发数量	备 注
桌椅		组	160	160	

②财务

提货人：王栎　　发货人：张强

23-8-6：

武汉楚风家具有限公司

产品出库单　　CPCK002072

20×2 年 12 月 18 日

发往单位：武昌家具商场

产品名称	规格型号	单位	提货数量	实发数量	备 注
桌椅		组	220	220	

②财务

提货人：王栎　　发货人：张强

23-8-7：

武汉楚风家具有限公司

产品销售成本计算表

20×2 年 12 月

月初结存产品总成本（元）	本月入库产品总成本（元）	月初结存产品数量（组）	本月入库产品数量（组）	产品平均单位成本（元/组）	本月销售产品数量（组）	本月销售产品成本（元）

制表：　　　　　　　　　　　　　　20×2 年 12 月 31 日

23-9：

武汉楚风家具有限公司

附加税（费）计提表

20×2 年 12 月

税费名称	计税（费）依据	计税（费）金额	税（费）率（%）	税（费）额（元）
城市维护建设税	增值税额			
教育费附加	增值税额			
地方教育附加	增值税额			
合　　计		—	—	

制表：　　　　　　　　　　　　　　20×2 年 12 月 31 日

23-10：

武汉楚风家具有限公司

企业所得税计算表

20×2 年度

年度利润总额（元）	调增金额（元）	调减金额（元）	应纳税所得额（元）	税率	应纳税额（元）

制表：　　　　　　　　　　　　　　20×2 年 12 月 31 日

(二)日记账记录

下面是出纳提供的银行存款日记账 **20×2** 年 **12** 月份记录。

1:

第4号

银行存款日记账

开户行 工商银行武汉楚风支行

账 号 62230286123618

20×2年		凭证		票据		摘要	√	借方	贷方	余额
月	日	字	号	字	号			千百十万千百十元角分	千百十万千百十元角分	千百十万千百十元角分
						承前页		118900000	82888534	378460293
2	28	记	42			付货款	√		565000	377895293
						本月合计		118900000	83453534	377895293
12	1	记	1			收货款	√	35030000		412925293
	4	记	6			吴汉华购办公用品	√		80000	
	4	记	7			发放上月工资	√		28795500	384049793
	8	记	10			缴纳职工社会保险	√		15600600	368449193
	9	记	12			付货款	√		4004720	364444473
	10	记	14			缴纳税费	√		14830110	349614363
	11	记	16			何久报销招待费	√		58000	349556363
	15	记	19			缴纳工会经费、住房公积金	√		8019000	341537363
	16	记	21			付货款	√		1695000	339842363
	17	记	23			收货款	√	60000000		
	17	记	24			钱必清报销差旅费	√		259100	399583263
	21	记	26			收存款利息	√	2616810		402200073
						过次页		97646810	73342030	402200073

2:

第5号

银行存款日记账

开户行 工商银行武汉楚风支行

账 号 62230286123618

20×2年		凭证		票据		摘要	√	借方	贷方	余额
月	日	字	号	字	号			千百十万千百十元角分	千百十万千百十元角分	千百十万千百十元角分
						承前页		97646810	73342030	402200073
12	22	记	29			付货款	√		4108680	398091393
	23	记	31			收货款	√	60000000		458091393
	24	记	33			银行收取管理费	√		54000	
	24	记	34			安泰报销加油费	√		119000	457918393
	25	记	35			付货款	√		847500	457070893
	28	记	39			付水费	√		24800	
	28	记	40			付电费	√		2410290	
	28	记	41			付电信费	√		273240	454362563
	29	记	42			付职工中餐费	√		2297000	452065563
	30	记	44			付货款	√		565000	451500563
						本月合计		157646810	84041540	451500563
						结转下年				451500563
						过次页				